Jonas Bopda Tébou

Chercher le Royaume des cieux

Jonas Bopda Tébou

Chercher le Royaume des cieux

Exhortation et encouragement à la vie en Jésus-Christ

Éditions Croix du Salut

Impressum / Mentions légales
Bibliografische Information der Deutschen Nationalbibliothek: Die Deutsche Nationalbibliothek verzeichnet diese Publikation in der Deutschen Nationalbibliografie; detaillierte bibliografische Daten sind im Internet über http://dnb.d-nb.de abrufbar.
Alle in diesem Buch genannten Marken und Produktnamen unterliegen warenzeichen-, marken- oder patentrechtlichem Schutz bzw. sind Warenzeichen oder eingetragene Warenzeichen der jeweiligen Inhaber. Die Wiedergabe von Marken, Produktnamen, Gebrauchsnamen, Handelsnamen, Warenbezeichnungen u.s.w. in diesem Werk berechtigt auch ohne besondere Kennzeichnung nicht zu der Annahme, dass solche Namen im Sinne der Warenzeichen- und Markenschutzgesetzgebung als frei zu betrachten wären und daher von jedermann benutzt werden dürften.

Information bibliographique publiée par la Deutsche Nationalbibliothek: La Deutsche Nationalbibliothek inscrit cette publication à la Deutsche Nationalbibliografie; des données bibliographiques détaillées sont disponibles sur internet à l'adresse http://dnb.d-nb.de.
Toutes marques et noms de produits mentionnés dans ce livre demeurent sous la protection des marques, des marques déposées et des brevets, et sont des marques ou des marques déposées de leurs détenteurs respectifs. L'utilisation des marques, noms de produits, noms communs, noms commerciaux, descriptions de produits, etc, même sans qu'ils soient mentionnés de façon particulière dans ce livre ne signifie en aucune façon que ces noms peuvent être utilisés sans restriction à l'égard de la législation pour la protection des marques et des marques déposées et pourraient donc être utilisés par quiconque.

Coverbild / Photo de couverture: www.ingimage.com

Verlag / Editeur:
Éditions Croix du Salut
ist ein Imprint der / est une marque déposée de
OmniScriptum GmbH & Co. KG
Heinrich-Böcking-Str. 6-8, 66121 Saarbrücken, Deutschland / Allemagne
Email: info@editions-croix.com

Herstellung: siehe letzte Seite /
Impression: voir la dernière page
ISBN: 978-3-8416-9970-1

Copyright / Droit d'auteur © 2015 OmniScriptum GmbH & Co. KG
Alle Rechte vorbehalten. / Tous droits réservés. Saarbrücken 2015

Chercher le Royaume des cieux

Exhortation et encouragement à la vie en Jésus-Christ

Jonas

Prologue

Après le livre *Sagesse*, premier livre que j'ai publié, cet autre écrit est le produit de ce que j'ai eu comme connaissance, de ce que j'ai découvert dans mes méditations. L'ouvrage s'adresse à tous les élus de Dieu, présents comme futurs qui vivent de partout dans le monde entier : pour vous compléter la connaissance, par laquelle vous obtiendrez la paix, en vivant dans l'amour de Dieu car nous savons que Dieu est Lumière. Pendant que le monde fait sa course dans l'érudition, dans l'amas de connaissances humaines -ce qui ne sauve pas- ; pour nous, et surtout en ce moment où le temps est écourté, il est question de spirituel non pas d'intellect, de connaissance de Dieu et de Son Chemin, d'œuvres spirituelles, que ce soit un écrit ou un acte, et non pas d'œuvre intellectuelle. Car le spirituel vient de Dieu tandis que l'intelligence de l'Homme est confuse. Le spirituel n'est que bon tandis que malgré les bonnes intentions et le bon qui peuvent se trouver dans une œuvre non spirituelle, par la faillibilité de l'auteur, il peut aussi avoir du mauvais. Or, une goutte d'eau qui touche une graine d'un sac peut faire pourrir toutes les autres graines du sac ; et l'homme qui fait quatre-vingt dix neuf pour cent de bien et un pour cent de mal, c'est sur cet un pour cent de mal qu'il fait qu'on peut profiter pour lui faire du mal, le critiquer, médire son nom, l'offenser, l'éliminer, alors qu'il fait beaucoup de bien. Voilà pourquoi il faut chercher la perfection, car le diable peut utiliser le peu de mal qu'on fait, qu'il nous fait faire pour nous faire du tort. Par ailleurs, il est à noter que j'ai parlé plus haut de spirituel dans le sens où l'œuvre est inspiré par l'Esprit-Saint, exclusivement. Le temps en fait est écourté et il faut donc se concentrer sur ce qui est meilleur : l'amour de Dieu, l'amour du prochain, l'obéissance à la parole de Jésus, la recherche de la sainteté dans un éveil permanent car le Seigneur dit : « *Voici, je viens comme un voleur.*»[1]

---

[1] *Apocalypse* 16.15.

Table des matières

Prologue..2

Introduction..6

Partie I : Enseignements en paraboles expliquées........................8

    Le bon chef et ses redoutables ennemis...................8

    L'homme spirituel..16

    Celui qui tombe et se releve................................16

    C'est notre peche qui cree la souffrance...............17

    Le bon maitre et le moissonneur..........................18

    La complainte du boulanger................................18

    Demolir soi-meme sa maison, vider soi-meme son grenier..19

    Celui qui detruit ce qui le protege........................20

    Insense, qui veut donner moins que ce qu'il faut.......21

    De l'ignorance..22

Partie II : Enseignements thématiques..24

    SUR LA BIBLE..24
    NON PAS JE NE GIFLE PAS ET ON NE ME GIFLE PAS, MAIS JE NE GIFLE PAS ET ON ME GIFLE..34
    SUR LA COMMUNAUTE...38
    NE JUGEZ POINT..48
    SUR LA SOUFFRANCE..53
    SUR LA PURETE..61
    NOUS NE SOMMES PAS SEULS..65
    LA VRAIE CAUSE DE CHUTE..71
    L'OBEISSANCE DUE A UN PERE..74
    SUR LA FIN DU MONDE..84

Conclusion..93

Annexe..96

La vie en Christ commence dans la nouvelle naissance, celui qui n'est pas né d'en haut, Dieu ne le connait pas, il faut donc d'abord être né de nouveau pour être enfant de Dieu, vivre et grandir en Christ ; et la nouvelle naissance ce n'est pas l'homme qui appelle Dieu, mais c'est plutôt Dieu qui appelle l'Homme.

Introduction

Nous vivons, gens d'aujourd'hui à une époque très dangereuse, non pas qu'il y a eu des époques non dangereuses, mais par le fait du niveau actuel de perdition surtout sur le plan spirituel, car c'est même la perdition spirituelle qui impacte sur la perdition sociale par rapport aux manières de vivre, cette perdition spirituelle est très élevée et est à un niveau mondial, et si auparavant la perdition a parfois aussi été très élevée et à un niveau mondial, du moins, de part le passé, l'humanité a été peuplée comme elle l'est aujourd'hui à quelle époque ? Je pense donc que, si ce n'est que par rapport au nombre d'hommes vivants, cela peut être plus flagrant. Je n'écris pas ce livre en tant que docteur, ou même enseignant, je veux me présenter comme un serviteur quelconque de Jésus-Christ, et juste cela, juste l'agrément de mon Seigneur Jésus-Christ que j'aime à mourir me suffit. Et dès qu'on veut servir Christ et qu'on constate que Le servir ne signifie pas dire : "je suis juste et les autres pécheurs", "j'irai au Royaume et eux seront servi de la colère de Dieu", mais de savoir et d'agir selon comme cherchant soi-même à se parfaire -car qui est juste devant le SEIGNEUR Dieu ?-, on travaille, selon les moyens que Dieu nous a donné à aider notre frère, celui qui est sous le joug du péché pour le sortir de là afin qu'il marche dans le Chemin de Dieu, et pour affermir ceux qui y sont déjà, comme eux aussi partagent avec nous ce qu'ils ont reçu, et nous aussi sommes affermis par ça. Dans le bon sens, on aide nos frères et les Hommes en général de ce que nous avons reçu : par la connaissance si on a reçu la sagesse, par le service des autres si on a reçu force et endurance, par les biens en charité si on en a reçu assez, par la santé physique et spirituelle si on a reçu la puissance, par l'avertissement sur ce qui vient si on a reçu don de prophétie, notamment à la manière d'oracle, etc. Bref, il est question de ne pas s'enfermer, mais s'ouvrir aux autres pour les faire profiter de ce qu'on a, et ainsi on gagne davantage devant le SEIGNEUR et on Le sert mieux. Moi donc, ce fou pour Dieu et homme de rien que je suis, essaye à la mesure que j'ai, et en cherchant davantage, à aider les autres. Mais je suis aussi gourmand, car je veux tout ce que je dois avoir, selon comme Dieu a prévu pour moi dans Son amour si Grand. Béni soit-Tu SEIGNEUR dans tous les siècles des siècles, Amen. Ce livre est donc une alerte, un avertissement par rapport à l'état de l'humanité, pour que ceux qui doivent se réveiller ou tenir sur leurs gardes tiennent, et pour encourager les uns et les autres à venir et tenir sur le Chemin, non pas d'agir dans l'ignorance car il faut bien que le monde aille où il doit aller, ce sont les élus qui doivent s'affermir car Dieu est leur part, qu'ils s'affermissent donc pour être à la fin sauvés. Pensez aussi à moi frères car j'ai vraiment besoin moi-aussi du SEIGNEUR.

Partie I : Enseignements en paraboles expliquées

LE BON CHEF ET SES REDOUTABLES ENNEMIS

Il en va du Royaume des cieux comme d'un chef qui a tracé pour son peuple un Chemin qui mène au succès. Il a goudronné la route, l'a embelli, a mit de part et d'autres des lampadaires et est allé attendre son peuple dans le succès, pour qu'ils y viennent se réjouir avec lui. Y étant parti, ses ennemis sont venus abimer la route, casser ci et là le goudron, vandaliser les lampadaires et les ornements de la route, y mettre des pierres ici, des troncs d'arbres là et creuser à l'extérieur de la route de nombreux détours dont certains débouchent nulle part, d'autres dans des forêts, d'autres encore dans des déserts, autant près des montagnes et falaises, et il y en avait qui débouchaient vers la mer. Ainsi, de la foule qui empruntait le chemin, peu arrivaient au succès. Le SEIGNEUR Dieu par amour pour l'Homme Sa créature envoya sur terre Son Fils Jésus pour que Sa mort sur la croix soit le sacrifice pour le pardon des péchés des Hommes, et pour être le Chemin à suivre pour avoir le Salut. Le Chemin étant la Foi en Jésus, l'obéissance à Sa sainte Parole, notamment par l'Esprit-Saint. Mais après qu'Il ait rejoint Son Père et S'est assis à Sa droite d'où Il est dans la Gloire, Ses ennemis, poussés par l'envie d'argent, de pouvoir ou de gloire, ou d'envie de détourner les Hommes du Chemin et de les mettre au service du diable, inspirés par des pensées malsaines provenant du diable et de ses démons, ils ont ajoutés ou enlevés à la Parole, l'ont mal interprétée, ont crées des confessions religieuses avec des doctrines fausses, non par Dieu, mais par eux-mêmes, égarant ainsi leurs adeptes de part les enseignements qu'on leur y donne, au point ou dans bien de fois où quelqu'un dira : "je vois", il ne verra pas. S'il dit "je suis en sécurité", il n'y est pas car il ne fait pas la volonté de Dieu, mais est abusé par les choses malsaines et mauvaises qui sont en lui. Il y a plusieurs confessions religieuses, alors que des grands et terribles du Seigneur que sont les nobles apôtres, nous avons hérité non de multiples confessions religieuses, mais du christianisme : « *Et c'est à Antioche que, pour la première fois, le nom de "chrétiens" fut donné aux disciples.*»[2] Et s'il y avait plusieurs Eglises, non pas religions ou confessions religieuses ou encore branches religieuses, c'était en rapport avec la pluralité de lieux ou l'évangile a été prêché et accepté. On pouvait donc parler d'"Eglise de Corinthe" en référence à ceux de Corinthe qui ont reçu et accepté l'évangile, l'"Eglise de Rome" par rapport à ceux qui l'ont fait à Rome. De la même manière qu'un homme en dépit de quitter le Galilée pour venir se regrouper avec les frères de Jérusalem, reste se regrouper avec ceux qui sont dans sa ville, Nazareth. Mais, malgré la pluralité d'apôtres et leurs dignes suivants, à l'instar de Timothée, Tite, la doctrine était une, inspirée par l'Esprit-Saint qui n'inspire pas la contradiction mais l'unité, même dans la diversité. Mais il ne peut avoir unité dans la contradiction car la contradiction est antiunitaire. L'unité dans la diversité, la voici : l'Eglise qui est à Jérusalem peut regorger de nombreux riches et la maison de regroupement temporaire peut être plus chèrement construite que l'Eglise qui est à Ephèse. L'Eglise de Sardes peut regorger des personnes à la peau blanche, et l'Eglise de Nubie, des personnes à la peau noire. Dans cette Eglise il peut avoir de nombreux végétariens, là de nombreux omnivores. Ici il peut avoir de nombreux cultivateurs, mais là de nombreux éleveurs. Dans tous ces précédents cas divers, l'unité est possible parce que c'est en Jésus-Christ que nous sommes unis et le Royaume des cieux ne consiste ni en nourriture ni en boisson, ni en grand lieu de rassemblement ni en petit, ni en peau blanche ni en peau noire, mais en vie en Jésus-Christ : Esprit-Saint, amour de Dieu, obéissance à l'évangile, amour du prochain, espérance au Salut. Il peut donc avoir unité dans la diversité. Mais, par ces ennemis de Dieu et de Son Fils qui prennent le nom de Dieu pour se faire les poches ou qui travaillent à détourner les Hommes du Chemin, ou encore qui ne servent pas Dieu mais qui se servent de Dieu, l'unité n'est possible car ce n'est pas seulement question de la diversité, mais il y a : différence, divergence et contradiction, et surtout la fausseté. Dans les nombreuses confessions religieuses d'aujourd'hui, ici on dit ceci, là on dit cela : c'est que

---

[2] *Actes* 11.26.

lorsqu'un homme veut la gloire qui vient des Hommes, il quitte du système dans lequel il était, qui est aussi faux, pour aller créer un autre (faux) où il sera maître. Or est ce comme au temps des apôtres où on a pluralité de lieux où les saints et les frères ont reçu l'évangile et accepté vivre selon lui et dans la foi au Fils de Dieu ? Non. Car qu'on aille d'une religion à l'autre, il en ressort différence, divergence, contradiction profondes. Et on brandit la Bible, et on prononce le nom de Jésus, en plus on parle d'Esprit-Saint, de prophètes, d'apôtres. Mais est-ce que l'Esprit-Saint va inspirer l'un à dire : "c'est moi qui suis la religion, les autres sont fausses" et l'autre à dire la même chose en mettant cette fois-ci le premier dans les autres qui sont fausses ? Je ne connais pas cet esprit qui peut l'inspirer comme saint. Et je sais que l'Esprit-Saint ne va pas le faire. Le monde se trouve à quelle époque ? Sur une même allée de moins de cent mètres de longueur, 3 églises : 3 confessions religieuses différentes ; après la première, on a quelques mètres pour la deuxième ; après la deuxième, quelques pour la troisième. Quand on prêche dans la première, cela peut gêner ceux de la deuxième, ce bruit qui y arrive. Quand on prie dans la deuxième, cela peut gêner ceux de la première ; quand on chante dans la troisième, cela peut gêner les deux autres. Pourquoi pas un lieu de rassemblement pour prier ensemble et rendre grâces au Père et à Jésus Son Fils par l'Esprit-Saint ? La réponse est qu'on a affaire à trois confessions différentes, aux doctrines divergentes, ce qu'on enseigne chez l'un, ce n'est pas ce qu'on enseigne chez l'autre, ce que fait l'un n'est pas ce que fait l'autre. Mais malgré ces différences voire ces contradictions, on brandit la Bible ; mais pour quelle interprétation ? Et à propos de la Bible, Est-ce là qu'il y a unité ? Non. On distingue de nombreuses traductions, qui s'élargissent à cause de la naissance des confessions. Et malheureusement, très malheureusement, situation de misère, l'Homme se retrouvera entrain de dire : "Salomon a dit ceci alors que ce n'est pas ça que Salomon a dit" ; "Jésus a dit ceci", alors que ce n'est pas ça que Jésus a dit. Non pas seulement à cause de la langue, ou forcément d'un certain manquement de traduction, mais si ce n'était que ça : d'une Bible à d'autres, plusieurs passages divergent vraiment. Non pas forcément dans le sens où par la traduction l'un dit "la mangue qui est tombée est verte" et l'autre dit "la mangue verte est tombée", ce qu'on peut expliquer par ci-ou par ça au point de tolérer, mais où l'un peut dire "la mangue est tombée", et l'autre, "la mangue n'est pas tombée". Et même le canon est différent, voilà que chez tels, tels livres sont canonisés et tels autres pas. La Bible diverge donc et, certes qu'on y rencontre la parole de Dieu, cette parole merveilleuse que nous aimons tant et qui nous nourrit, qui nous fait grandir, mais, cela laisse à désirer qu'on ne puisse faire confiance à tout ce qui y est écrit à cause des impiétés des Hommes. Qu'est la religion aujourd'hui ? Combien en existe-t-il ? Quelle fiabilité ?

Si la chair nous rend difficile l'obéissance à la volonté du SEIGNEUR quand on la connait déjà, combien plus ce sera difficile pour celui qui doit d'abord beaucoup se battre pour la connaitre avant même de travailler encore à normaliser ses pulsions charnelles, contre la tentation et l'ignorance pour lui obéir ? **Un arbre semé dans un champ eut des difficultés à grandir, à fleurir et à donner du bon fruit à cause du vent, des insectes et des microbes qui l'entouraient.** Je le dis, l'époque est mauvaise, non pas que le mal est présent dans le soleil ou dans la lune, ou encore dans le vent, mais que la perdition est forte, et est-ce qu'elle n'ira pas croissant ? Si. Ce sera de mal en pire jusqu'à la fin. Eviter donc les philosophies du "ça va aller", car c'est le monde qui doit aller où il doit aller : à sa ruine.

Voilà pourquoi Père céleste, comme Tu le sais et je l'écris ici pour que les Hommes sachent, tout comme mon Seigneur Jésus, Ton Fils qui est notre Sauveur et notre Maître, je ne Te prie pas pour le monde car il doit aller suivant son cours jusqu'à la réalisation du décret que Tu as arrêté ; mais pour Tes enfants, pour ceux que Tu T'es choisi, ceux-là qui T'aiment et Te cherchent, pour ceux qui sont à Toi selon Ta volonté non la leur : de les garder, de les bénir, de les affermir, de les donner et don sur don, et grâce sur grâce, pour qu'ils mènent une vie convenable sur cette terre en ces moments difficiles de Fin, pour qu'ils mènent une vie en Christ exemplaire par l'Esprit-Saint et soient sauvés par Toi SEEIGNEUR, le Tout selon Ta volonté. Et pense SEIGNEUR je T'en prie à me réserver aussi un place parmi ces gens car Tu le sais, je T'aime et c'est à Toi que mon âme aspire jour et nuit, c'est selon Ta volonté que je veux marcher pour faire du bien à mes frères et non le mal, pour être cause de grâce et non cause de chute. Mais cela, par Toi Père céleste Dieu Tout-Puissant, je Te le demande au nom de Jésus par qui abonde pour nous Hommes grâces et miséricorde ; Amen.

Chers Hommes, fuyons le péché et livrons-nous à la volonté de Dieu, dans l'espérance qu'Il nous agrée et nous donne en permanence Son Esprit par lequel nous ferons Sa volonté, car Sa volonté c'est le droit et le droit n'est rien d'autre qu'elle. Ce n'est pas en effet sans reproche de critiquer ou dénoncer un mal qu'on fait soi-même, non pas qu'on ne doit pas critiquer ou dénoncer le mal, mais du fait que cela laisse à désirer que nous aussi le fassions. Ou encore critiquer ou dénoncer un mal et faire d'autres maux. Certes les maux qu'on fait peuvent ne point être la même chose que ceux qu'on dénonce ou qu'on critique mais il en reste que c'est le mal, ce qui est donc aussi à dénoncer et à critiquer. Comment pouvons-nous vaincre le mal de nous-mêmes ? Voila pourquoi je demande que nous nous confions à Dieu et par Sa Grâce on le vaincra car Il est plus fort que tout, y compris le mal qui nous tente.

Ne nous fions pas au monde, pire encore à une telle époque où l'égarement est dans le vif de ses œuvres, où l'ignorance est dans le vif de ses œuvres ; où celui qui dit "je vois" peut ne point être entrain de voir, où les aveugles guident les aveugles, où les aveugles ou ceux qui ont délibérément choisi se fermer les yeux, ou encore de faire semblant de se fermer les yeux disent "nous voyons", et demandent aux autres aveugles ; aux borgnes et même à ceux qui voient bien clair de venir pour que ce soient eux qui les guident ; tout en menaçant ceux qui ne veulent pas aller à eux, leur promettant de tomber dans un trou. Ne nous fions pas à ce monde chers enfants de Dieu, nous qui aimons Dieu, Le Cherchons et voulons Le trouver, nous qui ne voulons pas faire notre volonté ou une autre volonté que la volonté de Celui qui nous a crée, de Celui qui est notre Chemin : Jésus-Christ. Ce monde pourrit. Combien de choses y sont fiables ?

La religion ? Où on parle de Dieu ou de Jésus ? Plus haut j'ai montré que ce ne l'est pas. Simple regard, et nous voyons un Homme immoral ; mais si on nous parle de la puissance de son pasteur, celui avec qui il prie, on en serait étonné, car c'est un pasteur-prophète-apôtre : étonnant !

L'Etat ? Que dire de la laïcité, de ces lois du mal ? De ces systèmes pièges ? Et où cela arrivera ? Que dire du personnel de l'Etat ? C'est par le voleur que les enquêteurs et les éminences de la sécurité vivent, c'est par l'injustice que vivent ceux chargés de la justice. L'homme commet un mal et c'est son avocat qui lui dit comment mentir pour le nier, voire accuser sa victime d'être coupable ou de diffamation : où allons-nous ? Ce sont ceux qui gardent l'impôt qui l'utilisent à leurs intérêts, etc. Nous sommes à quelle époque du monde ?

Les loisirs, que sont-ils ? Beuveries, débauche ; la musique : quel genre ? Les chansons mauvaises, causes de chutes, perverses, démoniaques.

Le sport, quel impact ? Deux adversaires s'affrontent et on supporte tel. Mais en supportant tel c'est que vous voulez que lui gagne voire largement et que l'autre perde. Donc l'autre et ceux qui le supportent seraient fils du diable pour perdre, et vous et celui que vous supportez, fils de Dieu pour gagner, or c'est le même sport, et celui qui est en face de vous c'est votre prochain. Vous priez pour gagner, donc que Dieu fasse perdre l'autre ! Attention à l'ignorance Hommes ! Quel est l'impact de ce qu'on appelle "sport" aujourd'hui, ses ravages dans le monde ?

Les livres : non inspirés de l'Esprit-Saint mais faux et trompeurs.

Les loisirs : une femme parmi les hommes, ne portant sur elle qu'un soutien qui laisse voir une partie de ses seins, un caleçon ou string qui laisse voir un partie de ses fesses, et près de hommes. Couchée de l'avant ou de l'arrière, c'est une mauvaise image pour le regard du voisin, une cause de chute. Mais "c'est la plage", "il n'y a rien de mal", "elle se détend". On va voir où ça va mener.

Les films, les séries, des programmes médiatiques, qui les feraient ou irait les consommer en les acceptant par l'Esprit-Saint ?

Le vestimentaire : une femme, une femme est habillée, et on peut voir une partie de ses seins, une femme est habillée, et ses cuisses sont à découvert, si elle se courbait, son caleçon ou son string serait à découvert, ou encore la nudité de ses fesses. Une femme est habillée, et on voit certaines parties de son corps, sa silhouette dessinée ou des mouvements brutes de son corps, et elle est habillée. Et que dire des robes transparentes qui son déjà là ? Et en plus qu'on peut porter sans mettre slip ou soutien ? Pour combien d'hommes ces manières de se vêtir sont causes de chutes, pour combien de femmes elles sont causes de scandale ? A combien de personne ça fait mal ? Et je demande, combien de temps encore faut-il pour qu'on puisse marcher nu ? Je vous le dis : ce que vous avez à faire, faites-le. Oui, faites-le et vous libérerez ceux qui ne sont pas des vôtres.

Les produits de beauté, les produits pour les lèvres à quoi de convenable, reçoivent-ils l'approbation de Dieu ? C'est ça que Dieu cherche en l'homme ou la femme ? Les produits de maquillage, qu'on met soi-disant pour avoir une belle peau, mais à un certain moment la peau sent mauvais, elle dégage une mauvaise odeur. Si on se blesse la plaie peut mettre plus de temps à se cicatriser que si on ne se décapait pas, la peau devient multicolore : on a les tendances rouges, jaunes, vertes, noires, etc. La peau est laide à voir et cause de scandale. Mais on cherchait la belle peau. Les parfums : un Homme passe, et l'odeur chimique qu'il laisse derrière lui ou en avant de lui peut causer la nausée chez son prochain.

A quelle époque sommes-nous dans le monde, où mène l'école ? Perle fine : elle peut permette à ce qu'on puisse parler, écrire, travailler, gagner de l'argent, mais qu'en est-il de notre âme ? Elle peut nous faire perdre le Royaume à cause des doctrines qu'on y enseigne, prétendues scientifiques. Or quelle perle de meilleur prix que le Royaume des cieux ? L'école est donc cause de chute de part ses faux enseignements : big-bang, évolutionnisme, tous ses mensonges et diversions qu'on prétend être de la science... des doctrines athées et mensongères pour détourner les Hommes de la Foi en Jésus-Christ, de la croyance en l'existence de Dieu, de ses montagnes de connaissances d'érudition qui peuvent détourner les yeux de l'Homme de la recherche de la connaissance de Dieu qui seule est meilleure. Et n'est-ce pas ces doctrines que les medias enseignent, on maximise ainsi l'égarement.

    Les manières de faire et l'égoïsme méchant dans le monde, comment fonctionnent les entreprises ? Le commerce ? La publicité ? On fabrique un produit en dépit de le conseiller simplement aux potentiels utilisateurs, on prétend qu'il est le meilleur, qu'il est parfait. Ce qui est risquant même pour la santé du consommateur on dit : "il est idéal", "sans tâche". Ce qui peut empoisonner, on dit qu'il est doux. Et bien de gens trouvent cela normal. Comment ne pas, quand déjà même la "voie de Dieu" qui est une voie de référence est biaisée ? L'Etat mêle bon et mauvais, il peut conditionner au bon et au mauvais, il peut prescrire et ordonner le bon et le mauvais, à quelle époque sommes-nous ? L'éducation, qu'est-elle ? Que dit le parent à l'enfant ? Qu'est-il d'abord lui le parent ? Puisqu'on enseigne ce qu'on connait, puisqu'on éduque si on est soi-même éduqué. Que peut-il donc dire à l'enfant, à celui qui est sorti de ses entrailles ? Et on le verra prendre le fouet pour frapper l'enfant, soi-disant qu'il le corrige ; alors qu'à bien peser, c'est lui le parent qui est plus susceptible d'être corrigé que cet enfant qui n'est certes pas saint, mais non plus le diable, mieux que ce parent qui est un fils des ténèbres. Ce monde où l'on se plaint de la délinquance juvénile, que dire de la délinquance sénile. On se plaint des délinquants matériels que dire des délinquants spirituels ? Car le délinquant matériel, bien que condamnable soient ses œuvres est là pour voler des objets, mais le délinquant spirituel vient perdre l'esprit, vient perdre l'âme.

    En conclusion, le système du monde actuel est sophistiqué et solidaire. Les choses sont faites de la manière que si l'homme ne se perd pas ici, il doit se perdre là-bas, et s'il réussit à ne pas se perdre là, comment échapperait-il à cet autre ! Le monde actuel est un piège, bien manigancé, bien sophistiqué pour détourner l'Homme du bon Chemin, car quand bien-même l'Homme voudrait la voie de Dieu, il y a des simulacres de voies de Dieu qui existent pour le perdre, pour le faire croire qu'il fait ce qu'il doit faire alors qu'il va tout droit vers l'Hadès. Le système du monde aujourd'hui est assez sophistiqué de telle manière que si ce n'est par Dieu, comment l'Homme peut être sauvé ? Si ce n'est Dieu qui met à part, qui préserve un « *reste* »[3], qui sera sauvé ? Certes, c'est toujours par Dieu qu'on est sauvé et c'est toujours Lui qui met à part, mais l'état du monde aujourd'hui est plus dangereux que le temps où naissait Jean le Baptiste, où mourait Jean l'apôtre. Il y a eu du temps d'élaborer ce qui ressemble au bien, à la vérité, de les sophistiquer, c'est ça qui participe à égarer encore plus de gens car ce qui ressemble au bien peut être son pire ennemi, compte tenu que le contraire du bien attire ceux qui le choisissent délibérément, mais ce qui lui ressemble, en restant mal perd même ceux qui cherchent le bien. Et plus le temps passe plus ce sera mauvais, l'homme qui nait dans le mal, il y a de quoi avoir un regard pessimiste à son sujet, mais Dieu n'abandonnera pas les Siens, c'est ce qui quelque part nous rassure.

L'HOMME SPIRITUEL

Un Sage potier qui se livrait à la fabrication de ses pots affecta les moins bons aux usages de pacotille et les meilleurs aux usages nobles. Dieu, plein d'amour pour Ses enfants a choisi laisser le moins bon, c'est-à-dire le monde et ses choses aux Hommes moins importants qui sont les impies, mais pour Ses enfants qui Lui sont si chers, il leur a donné ce qu'il y a de meilleur : l'Esprit, l'Esprit-Saint. Celui par qui on goûte à la véritable joie, paix, par qui on connait l'amour, le contentement, tous dans la pureté. Alors que les joies, plaisirs et sentiments du monde sont corrompus. Merci Père ! L'Homme spirituel est le meilleur Homme.

CELUI QUI TOMBE ET SE RELEVE

Un homme sortit de bonne heure le matin véhiculé pour faire un voyage. Il commença par rouler à vitesse moyenne. Après un certains temps de route, son véhicule eut une panne, c'est qu'une pièce dysfonctionnait. Il se résolut donc à

---

[3] *Ézéchiel* 12.16.

dépanner son véhicule et fut attristé grandement du temps qu'il perdait et des efforts qu'il fournissait pour remettre le véhicule en marche. Mais habité par un esprit d'intelligence, il ne se contenta pas seulement de mettre à point la pièce défectueuse, mais il fit aussi bon nombre de travaux, dans l'optique de perfectionner son véhicule, ceci en abonnissant même ce qui ne lui semblait pas susceptible de causer une panne et remontant ainsi la puissance de ce qui fonctionnait correctement. Puis il rentra dans son véhicule, et étant conscient du temps perdu décida d'aller plus vite, il alla dès lors à grande vitesse et arriva à temps. L'enfant de Dieu tombe pour se relever si ce ne l'était pas, comment atteindrait-il la perfection ? Comment serait-il enfant de Dieu ?

C'EST NOTRE PECHE QUI CREE LA SOUFFRANCE

Deux hommes se retrouvèrent ensemble dans un lieu de rareté, le premier n'avait trouvé d'important qu'une marmite, le deuxième quant a lui ne possédait que du grain. La marmite du premier souffrait de ce qu'elle n'avait pas de quoi cuire, et le grain du deuxième souffrait de ce qu'il n'y avait pas de marmite pour le cuire. En dépit de mettre en commun ce qu'ils avaient pour avoir de quoi manger ensemble : l'un sa marmite pour faire cuire du grain et l'autre du grain pour être cuit par la marmite ; par haine et orgueil, ils restèrent chacun de son coté, et la marmite rouilla, le grain pourrit, ils moururent misérablement : c'est notre péché qui crée la souffrance. Dieu Lui, nous a donné de quoi nous avons besoin à la mesure dont tout le monde peut se satisfaire si nous nous entendons mutuellement, car chacun n'a pas la même chose, nous jouissons de différents dons, mais communément ils peuvent satisfaire tout le monde de telle manière qu'on s'en sorte mieux. Mais l'Homme, par l'égoïsme, l'orgueil et autres, laisse ce qu'il a en plus lui être inutile, en dépit de le donner à son prochain. L'homme préfère même gaspiller ce qui lui surabonde, en dépit de le donner comme nécessaire à l'autre. L'Homme préfère garder l'insuffisant en grande quantité, et non de le mettre en commun avec l'autre et avoir le suffisant en quantité complète. Voilà comment nous souffrons, à cause de nous-mêmes, par folie. Pourtant, « *Qui avait beaucoup recueilli n'a rien eu de trop, qui avait peu recueilli n'a manqué de rien.* »[4]

LE BON MAITRE ET LE MOISSONNEUR

Un maitre de maison appela un homme misérable qui manquait d'occupation pour qu'il aille travailler à sa moisson. Il était vêtu d'haillons. Mais le maître lui servit à manger pour qu'il prenne des forces. Et lorsque l'homme eut fini de manger, le maitre le dévêtit de ses haillons et mit sur lui une combinaison, le maitre lui donna une étoffe à se mettre sur la tête au cas où le soleil serait fort, il lui donna une hutte, une machette, des chaussures des réserves de nourritures et d'eau, et d'autres matériaux utiles pour le travail qu'il allait faire. Ainsi équipé, et ravi en esprit d'avoir été aimé et bien traité par son maître, le serviteur alla travailler et de son retour, combien ne fut-elle pas grande sa moisson ? Dieu ne laissera pas le moissonneur aller bredouille mais l'accompagnera et lui donnera les matériaux utiles pour que sa moisson soit abondante.

LA COMPLAINTE DU BOULANGER

Moi boulanger, dans mon pays, j'ai produit du pain en abondance, et je me suis mit à clamer : « qui veut du bon pain ? Qu'il vienne que je lui en donne gratuitement », « venez, mangez de mon pain ». Mais les habitant ont dit : « Qu'est ce qu'il nous veut celui-là ? » « Qu'est ce qu'il appelle pain ? » « C'est de la misère, sans valeur ». Ils ont préféré manger les excréments, de telle sorte que mon pain s'est affadi et a pourri. Qu'en est-il de ma peine ? C'est compris. Je vais donc changer de pays, pour aller vers celui dans lequel avant même que

---

[4] *2 Corinthiens* 8.15.

le pain soit prêt, il y aura déjà un foule pour le demander, où on demande jusqu'à la miette et que rien ne reste. Quant aux excréments que vous préférez et dont vous vous vantez, ils vous feront mourir. « *Aussi je vous le déclare : "le Royaume de Dieu vous sera enlevé, et il sera donné à un peuple qui en produira les fruits".* »[5]

DEMOLIR SOI-MEME SA MAISON, VIDER SOI-MEME SON GRENIER

Vivaient dans un village de nombreuses personnes dont un insensé. Le chef de ce village, homme fort généreux et bon, construit une cité dans laquelle il devait loger ses habitants qui étaient si chers pour lui et pour qui il avait une profonde affection. Il y fit de nombreuses maisons, les décora, les meubla, prêtes pour l'emploi. L'insensé vit la cité et y alla, étant tout comme les autres membres du village au parfum de ce que c'est le chef qui bâtit la cité pour la leur donner. Il repéra une maison qui pour lui allait être attribuée à l'un d'eux car c'était une éminente personne. Il s'approcha, se mit à démolir une partie des piliers de cette maison, y enlever le béton, scier les fers pour les couper, et remplacer le béton enlevé par le mortier, avant de crépir à nouveau et repeindre comme si de rien n'était. A l'intérieur, il perça des trous pour que bestioles, souris, insectes, voire animaux dangereux s'y invitent. En effet il agissait de bien de manières pour que ce soit risqué d'y vivre et que la vie à l'intérieur soit inconfortable, ou du moins, moins confortable que ce qu'elle devrait être telle que construite par l'honorable chef.

Le chef arriva vers la cité accompagnée de ses hommes, et lorsqu'il fit le partage, il eut l'intuition de donner au méchant insensé la maison que lui-même avait délabré. Il y vécu inconfortablement pendant un certain temps, mais un

---

[5] *Matthieu* 21.43.

jour, la maison s'effondra sur lui et il mourût. La maison en effet avait été affaiblie.

ou

Un homme dans un village aperçu un grenier qu'on avait eu l'amabilité de préparer pour aider les gens pauvres comme lui. Mais il y alla, réussit à pénétrer, versa des produits toxiques sur les aliments, les mit dans un mauvais état de conservation et s'en alla son chemin. Pendant ce temps les aliments, réservés pour lui et plus généralement pour des gens comme lui pourrissaient ou s'abimaient rapidement. Lorsque le gentil bénévole arriva, il prit ce qui y restait de bon pour son usage personnel, et ferma le grenier de ce lieu. Quant-à cet insensé, il mourut dans la faim. Ces paraboles concernent les méchants et les insensés qui notamment combattent le bien, ce qui vient de Dieu ; consciemment ou sans le savoir alors que c'est cela même qui peut leur être utile car Dieu veut le bien même du pécheur. Un méchant par exemple peut s'offrir de combattre, de persécuter un serviteur de Dieu alors que c'est celui-là même qui peut le ramener et lui être ainsi utile au Salut. Pour ce qui est de l'insensé, par ses pulsions d'insensé, s'il chemine avec un sage peut s'employer à le contaminer de sa sottise alors même que c'est ce sage qui aurait pu lui ouvrir les yeux à la connaissance, à l'obéissance, à Dieu.

Celui qui detruit ce qui le protege

Un lion cherchait qui manger, il est tombé sur un chef de parc qui recherchait le bien de tous les animaux mais jusque là, le lion voulait toujours le manger, mais, la profondeur des choses est que le chef de parc a apprivoisé le lion qui s'est rendu compte de ses erreurs et a béni la providence. Un escroc cherchait qui arnaquer, étant tombé sur un moissonneur qui travaille pour le Salut des Hommes, qui travaille à amener les Hommes à la justice ; l'escroc voulait toujours l'arnaquer, en osant même utiliser la Parole de Dieu pour réussir son coup. Mais si cet escroc devient juste, il remerciera Dieu, et cet homme qui, malgré qu'il a été la cible d'une arnaque, a su pardonner son bourreau, et lui donner un message de bonne nouvelle : « *qu'ils sont beaux les pieds de ceux qui annoncent de bonnes nouvelles !*»[6]

INSENSE, QUI VEUT DONNER MOINS QUE CE QU'IL FAUT

Un homme cherchait une terre pour loger dessus. Il rencontra un membre d'une famille de vendeurs de terres qui lui montra un lot. Ils le passèrent au cordeau et le client acceptant acheter la terre, demanda le prix au vendeur qui lui réclama cent pièces d'argent. Le client proposa quatre-vingt mais le vendeur refusa. Ils se séparèrent, c'était le matin. Dans la soirée, cet acheteur rencontra le frère de celui avec qui il s'était séparé plus tôt dans la matinée, qui était lui aussi vendeur de ces terres, celui-ci l'amena sur le même terrain, sans qu'il ne sache ni que c'est le frère du premier, ni que c'est la même terre. Ils la passèrent au cordeau et le client, acceptant de l'acheter une fois de plus, demanda quelle somme il doit fournir. Ce frère, lui aussi ignorant de ce qui s'était passé le matin demanda cent cinquante pièces d'argent. Le client refusa et en proposa cent vingt. L'autre accepta, ils signèrent des papiers et l'affaire fut close. Quelle n'était pas l'affliction de cet homme quand, arrivant sur le lieu le lendemain, constata qu'il avait en effet refusé avec dureté de donner cent pièces d'argent, pour en donner cent vingt avec empressement. Il y a cet homme qui se rassasiera de honte et l'autre de déshonneur : celui qui ne sait pas se retenir de discuter le prix à la baisse et se contenter de payer ce qu'on lui demande. Il payera plus cher ce qu'il a refusé de payer moins cher. Celui qui veut donner la somme par laquelle le vendeur n'aura même pas de bénéfice : il n'entendra pas son voisin chuchoter de ses bienfaits.

---

[6] *Romains 10.15.*

Allégorie sur le commerce

Un grand roi dans un profond étonnement établit une enquête pour connaitre l'origine du conflit entre vendeur et acheteur sur le prix de la marchandise : qui a tort dans cette affaire ? Le vendeur, lorsqu'on lui demande pourquoi il demande si cher, répond que c'est à cause des clients qui proposent parfois les moins de cinquante pour cent de ce qu'on leur demande. L'acheteur, quand on lui demande pourquoi il discute si bas répond que c'est à cause du vendeur qui peut réclamer jusqu'à quatre cent pour cent du prix réel de l'objet. Le roi voulait donc éclairer cette affaire : qui a tort, qui a mal agi en premier, ou, à qui la faute ? Il étudia et étudia, il fit beaucoup de gymnastique intellectuelle et spirituelle. Au fil de son étude il découvrit des choses vraiment étonnantes, à l'exemple de ce que : « *l'acheteur dit : "Mauvais, mauvais !" mais en s'en allant il se félicite* »[7] ; le vendeur dit : « Je ne gagne même rien dans cette affaire », mais dans son cœur il est ému, drôle n'est-ce pas ? A sa mort, ce vieux roi n'avait pas pu résoudre son problème. Qui a donc tort dans cette affaire ?

DE L'IGNORANCE

De nombreux Hommes se retrouvèrent dans un grand trou. Certains d'entre eux firent de nombreux efforts, se donnèrent beaucoup de souffrances pour sortir. Parmi eux certains se découragèrent et ne sortirent pas, d'autre persévérèrent, et pour cela souffrèrent encore plus, et sortirent au finish. D'autres encore avaient jugé ne même pas se donner la peine de sortir et par cela étaient privés des souffrances des premiers. Mais le temps venu tous ceux qui n'étaient pas sortis périrent. L'ignorance est pire qu'un fléau, celui qui ne cherche pas à s'en débarrasser n'expérimentera pas les dures souffrances qu'on endure pour s'en débarrasser mais est dans le danger. Celui qui cherche à s'en débarrasser doit s'apprêter à beaucoup souffrir et à persévérer, et il en sera largement

---

[7] *Proverbes* 20.14.

récompensé. La Vraie connaissance, celle par laquelle on ne périt jamais, c'est vivre selon la volonté de Dieu. Et comment peut-on réussir ? C'est dans la nouvelle naissance, par l'Esprit-Saint qui est en nous car mieux que quiconque, c'est Lui le Grand Maître. Mais comment vivre par l'Esprit-Saint sans être né de nouveau ? Chercher donc la nouvelle naissance, même si en réalité c'est elle qui cherche l'Homme tout comme ce n'est pas un bébé qui cherche à naitre, mais ses parents qui désirent l'enfanter, le conçoivent et elle l'accouche. Comprenne qui doit comprendre.

Partie II : Enseignements thématiques

SUR LA BIBLE

La Bible se veut être le recueil des saintes Ecritures, mais il y a une polémique séculaire autour d'elle causée notamment par sa diversité, les divergences qu'on rencontre lorsqu'on va d'une Bible à une autre, et le problème est d'autant plus flagrant quand des Hommes, faisant l'apologie d'une version condamnent les autres, ou se désintéressent totalement, ou encore les classent comme des œuvres du diable. Qui serait donc content de lire les œuvres du diable pour connaitre Dieu ?

Pour dire que ce problème est notoire, et moi, qui ne suis rien d'autre que ce que je suis, ce petit des petits, ai quand-même trouvé bon d'écrire quelque chose dessus, puisqu'en travaillant à ramener les Hommes à Dieu, il faut leur dire ce qu'ils doivent faire, car on ne ramène pas seulement un Homme en lui disant "viens à Dieu", "convertis toi", cela peut s'avérer insuffisant, dans le sens où des confessions chrétiennes, aussi variées et contradictoires qu'elles soient disent cela, les sectes pernicieuses, commettant biens d'abominations au yeux du SEIGNEUR GRAND, le font même "au nom de Jésus". Beaucoup parlent de Dieu, font Ses éloges de la bouche, de leurs écrits, dans leurs chants et dans biens de lieux, mais qui est fiable, quel discours doit-on écouter, que doit-on faire ? Ce sont des questions auxquelles l'humble enfant de Dieu peut se confronter aujourd'hui, dans un monde à la fois tellement envahi par le nom de Jésus, mais où il manque vraiment le Saint-Esprit, car il n'inspire pas le faux, mais le Vrai. Donc beaucoup croient en Jésus, ou se disent du moins qu'ils croient en Lui, mais Le perdent quand-même car le mal est fait en Son Nom.

J'explique cela : pourquoi on croie beaucoup en Jésus sans croire en Lui. C'est que, quand les Hommes disent "je crois en Jésus", ils doivent s'imaginer un homme sillonnant les rues de Jérusalem et d'Israël pour annoncer le Règne des cieux et faire des miracles, c'est l'image qu'ils se font de Jésus. Donc croire en Lui pour eux signifie croire en Son existence ; mais comment ce serait la vraie croyance quand les Ecrits nous rapportent qu'en Son temps, bien ne croyaient pas en Lui, y compris Ses interlocuteurs directs ? Or qui est mieux placé pour croire en l'existence de Jésus que Ses contemporains, ceux là qui peuvent décrire sa chair du haut en bas, alors que nous ne savons même pas Son apparence charnelle et que ces choses que des gens dessinent pour vendre ou sculptent ne se ressemblent même pas l'un l'autre et sont les résultats des imaginations des artistes « *qui produisent une forme barbouillée de couleurs variées dont la vue finit par éveiller la passion des insensés* ».[8]

Je vais vous dire ce qu'est croire en Jésus. Chers Hommes, ô contemporains écoutez-moi. Croire en Jésus ce n'est pas seulement croire en l'existence de ce personnage des Ecrits, car Jésus est fondamentalement un Etre spirituel, qui S'est incarné pour venir sur terre secourir les Hommes de rien comme moi en premier, comme ceux qui se reconnaissent ainsi et implorent donc le secours de la Grâce, sachant que par eux-mêmes ils sont faibles, ils ne peuvent pas, ils ne méritent pas, ils sont dans le besoin, ils ont besoin d'aide, et demandent donc humblement cette aide à celui qui peut Tout, c'est suivant ce cheminement, de se reconnaitre faible et insuffisant, de s'humilier d'un bon cœur pour implorer, qu'on devient enfant de Dieu, ce n'est pas d'une manière hautaine, mais humble. Ces Hommes sont donc Ses enfants et L'invoquent donc en longueur de jour par l'Esprit qu'Il a disposé pour eux. Jésus est fondamentalement spirituel et non charnel. Certes Jésus pouvait agir spirituellement, on pouvait L'entendre parler sans voir aucun corps, aucune chair ; mais comment allions-nous bien Le connaître ? Et si on Le connaissait, par Sa Parole qu'Il nous donne, comment devait-Il avoir part à nos souffrances, connaitre nos faiblesses ? Est-ce un esprit qu'on allait crucifier à Golgotha ? Mais on ne crucifie pas un esprit, puisqu'il n'est pas chair et os. Jésus a été fait chair pour mener à bien la mission salvatrice des Hommes, Lui qui déborde d'amour pour nous, malgré tout

---

[8] *Sagesse* 15.4.

négatif que nous avons, pour nous enseigner, partager nos douleurs, nous rassasier de Ses bienfaits, et enfin nous sauver par Son sacrifice, car sans sacrifice, sans rédemption, sans Salut. Voilà Jésus-Christ, à la fois homme, à la fois Dieu ; mais fondamentalement Dieu car Il dit : « *En vérité, en vérité, je vous le dis, avant qu'Abraham fût, Je Suis* »[9], « *En vérité, en vérité, je vous le dis, recevoir qui j'enverrai, c'est me recevoir moi-même, et me recevoir c'est recevoir Celui qui m'a envoyé* »[10], « *Si quelqu'un m'aime, il observera ma parole et mon Père l'aimera ; nous viendrons en lui et nous établirons chez lui notre demeure* »[11], « *Demeurez en moi comme je demeure en vous* »[12], « *Et moi, je suis avec vous tous les jours jusqu'à la fin des temps.* »[13] Est-ce d'une chair qu'on parle ? N'est-ce pas que Jésus est avec nous dans l'Esprit-Saint ? Si Paul dit que c'est Christ qui vit en lui, deux chairs sont-elles dans son corps ? N'est-ce pas l'Esprit-Saint qui le remplit ? Croire en Jésus c'est accepter qu'Il est le Fils de Dieu et le Messie, et témoignez de cela en temps convenable, c'est accepter et pratiquer Sa Parole qu'est l'évangile, c'est ça que je connais comme croire en Jésus : mettre Ses enseignements et les enseignements de Ses apôtres et envoyés en pratique, non pas comme la Loi de Moïse, mais par l'Esprit-Saint qu'Il a disposé pour nous. En effet, c'est toujours Lui qui parlait par Ses saints apôtres, et c'est Lui qui parle par tous ceux qu'Il possède, si du moins ils sont sous Son impulsion. C'est Lui qui vivait en eux et les inspirait à faire ce qu'ils ont fait. Sachez donc que quand vous dîtes : « je lis l'écrit de Pierre », vous dites : « je lis la parole de Christ », et aussi : « je lis la Parole de Dieu ». Il en est de même pour Paul, Jean, Jacques, Jude et les autres saints. Comment pouvez-vous en effet croire sans accepter, et accepter sans pratiquer, comment cela se fait ? Si vous ne pratiquez pas la parole de Christ, vous ne croyez pas en Lui, car si vous croyez, vous devez pratiquer, et celui qui croit sera sauvé. Que disait Jacques à ce sujet ?

---

[9] *Jean* 8.58.
[10] *Id.* 13.20.
[11] *Id.* 14.23.
[12] *Id.* 15.4.
[13] *Matthieu* 28.20.

Et maintenant, comment pratiquer la parole du Christ ? Là aussi il y a beaucoup d'aveuglement, de titubants, d'aveugles qui guident d'autres aveugles et borgnes, de borgnes et d'aveugles qui fustigent et reprochent même ceux qui voient. Ne savez-vous pas que ce n'est qu'en naissant de Dieu qu'on peut accomplir la justice de Dieu ? Ne savez-vous pas que ce sont les enfants de Dieu, c'est-à-dire ceux qui sont nés de Lui qui seront sauvés ? Comment venir au Père sans être fils ? Est-ce l'anarchie ? Non. La justice et la réalisation de la volonté de Dieu s'accomplit lorsque nous sommes nés d'en haut, nés de nouveau. Enfants des Hommes écoutez-moi : ne voyez pas la piété dans le fait de ne pas voler, de ne pas mentir, d'aller à « l'église », de payer la dime, de forcer les enfants à venir prier, de faire l'aumône etc. Les bonnes œuvres, les enfants de Dieu les respirent, mais est-ce que c'est par ça qu'on a le Salut ? Notamment lorsqu'on peut faire une bonne œuvre et à coté, dix mauvaises ; lorsqu'on peut tirer la dime et les offrandes des fruits du vol et de l'intempérance ; lorsqu'on peut faire l'aumône sans bon cœur ; lorsqu'on peut faire ces œuvres pour se mentir à soi même, pour montrer notre religion aux Hommes afin d'avoir leurs honneurs, pour nous justifier nous-mêmes, pour justifier et équilibrer ou essayer de mettre quelque chose dans la partie des bonnes œuvres alors que notre racine est mauvaise ? Non. L'enfant de Dieu respire le bien et haït le mal, mais à la différence qu'il le fait déjà avec la racine du bien, une racine qui grandira et grandira. Or les autres ce n'est pas par la bonne racine. N'appelez pas donc cela piété, mais « conjecture ». Oui, c'est la conjecture, l'humeur, la solution qu'on prend contre une conscience qui nous juge, ce qu'on fait pour nous justifier du mal qu'on fait, à condition que notre cœur reste mauvais et qu'on n'accueille pas l'amour de la Vérité qui sauve. On se ment donc à soi-même. Les adeptes des confessions diront qu'ils sont nés de nouveau, selon ce qu'on leur a dit, soit lorsqu'ils ont reçu le baptême, la confirmation, l'imposition des mains ou une prière à leur égard, ou encore une "délivrance". Moi, je ne serais pas long sur ce sujet : regardez votre vie et répondez si vous êtes nés de nouveau. **Pour naître de l'Esprit, il faut le demander** sincèrement car il est écrit : « *Si donc vous, qui êtes mauvais, savez donner de bonnes choses à vos enfants, combien plus le Père céleste donnera-t-il l'Esprit Saint à ceux qui le lui* *demandent.* »¹⁴ Et voici le signe que le Seigneur a donné pour ceux qui naissent de nouveau : « *Le vent souffle où il veut, et tu entends sa voix, mais tu ne sais ni d'où il vient, ni où il va. Ainsi en est-il de quiconque est né de l'Esprit.*»¹⁵

La racine de la Justice, l'instrument par lequel on fait la volonté de Dieu, celui par qui on comprend les Ecritures et non qu'on conjecture leur interprétation, c'est l'Esprit-Saint, qui habite en l'Homme qui a cru en Jésus-Christ, et non pas en l'existence du fils de Marie. Ce sont les élus de Dieu qui agissent ainsi puisque c'est à eux qu'Il a choisi faire miséricorde. Les autres ne L'aiment pas, simplement.

Il est notoire aujourd'hui que les confessions chrétiennes ont en elle le comportement de se revendiquer de Dieu, ou la seule de Dieu, et que les autres, c'est le diable, ou tous les autres c'est le diable ; je vous avertis par l'exhortation que, pour protéger votre âme, approchez vous du Temple, entrez-y et adorez. Méfiez-vous du parvis extérieur, c'est pour les païens. Aussi, l'œcuménisme qui se développe est un artifice satanique aux effets dévastateurs. Dieu, ce n'est pas les compromis, mais la Vérité. Cette chose va grandir, tout comme la fausse religion va grandir, je vous avertis pour que vous sachiez quoi faire. La spiritualité dans le monde ne va pas s'améliorer, mais empirer, vain est l'Homme qui vous annonce aujourd'hui que les choses vont s'arranger en dépit de vous préparez à ce que la terre doit subir, au fait qu'elle sera davantage secouée. Je ne vous interpelle pas dans l'optique de voir des nations revenir au SEIGNEUR car pourquoi nous maintenir ou maintenir les autres dans l'ignorance ? Les nations ne vont-elles pas mieux se détourner du SEIGNEUR ? Beaucoup ne croiront-ils pas être sur le chemin du Salut lorsqu'ils seront dans le Chemin de la perdition ? De faux hommes et femmes ne se sont-ils pas déjà levés et continueront de se lever pour maintenir les âmes des Hommes dans l'ignorance de la vérité et les détournant de ce qui est bien pour préserver leurs âmes pour le châtiment de Dieu ? Connaissons la vérité ! Bâtissez votre maison sur du roc, oui sur la pierre et

---

¹⁴ *Luc* 11.13.
¹⁵ *Jean* 3.8.

les vents, les orages, les tempêtes et les intempéries ne la détruiront pas. Oui, si vous mettez votre foi en Jésus-Christ, et que vous vivez d'un bon cœur, d'un cœur pur, en gardant l'esprit en Dieu pour être permanemment éveillés, en vous gardant du monde pour ne pas vous souiller, que vous vivez dans l'amour sincère de votre prochain, du bien et que de tout cœur vous souhaitez faire la volonté de Dieu et vous vous remettez à Lui dans l'adoration et la supplication inspirés par Son Esprit qui vous habite et vous enseigne, que vous travaillez à être remplis d'Esprit-Saint, que vous devenez fous pour Dieu et supportez les vents tempêtes et orages que sont les tentations du diable, la persécution, la détresse, la calomnie à votre égard, que vous soyez amoureux de l'Esprit qui est en vous : voilà l'Homme que je connais qui est sur le chemin du Salut. « *Et si le juste est sauvé à grande peine, qu'adviendra-t-il de l'impie et du pécheur ?* »[16] Vous pour qui est faite cette parole, recevez-là mes frères et persévérons jusqu'à la fin dans l'espérance au Salut de Dieu, qu'Il nous aide, car nous sommes faibles.

Et pour ce qui est de la Bible, lisez la Bible de l'Esprit-Saint. L'Esprit peut en effet vous révéler toute chose sans écrit, mais Dieu a aussi choisi qu'il y ait des écrits, mais là encore c'est toujours Lui qui vous aide à les assimiler, à les comprendre car la lettre sans Esprit est dangereuse. Etes-vous perplexes ? Si oui pourquoi ? Ne savez-vous pas que la Bible se veut être un recueil de saintes Ecritures ? Et qu'une sainte écriture est une écriture inspirée par l'Esprit-Saint, et que ce sont les Hommes qui ont travaillés à recueillir, regrouper et traduire en diverses langues les textes tels qu'on le voit aujourd'hui ? Ne savez-vous pas aussi que s'il fallait réunir toutes les saintes Ecritures dans un livre, on aurait de la peine à pouvoir le terminer tellement grand serait-il ? La Bible ne grossit pas, est-ce à dire qu'il n'y a plus d'Esprit-Saint parmi les Hommes, ou que L'Esprit les empêche d'écrire ? Non. Et même dans la Bible, il y a encore des textes moins fondamentaux que d'autres. Les épitres en effets sont des branches qui s'enracinent dans l'évangile, donc l'évangile est plus fondamental

---

[16] *1 Pierre* 4.18.

qu'eux. L'apocalypse à son tour est une prophétie pour faire connaitre le plan de Dieu, il est moins fondamental que l'évangile. L'évangile, qui est le texte le plus fondamental de la Bible, et le plus fondamental pour le chrétien c'est la Parole de vie de Jésus-Christ qui mène au Salut. Ce qu'ont dit et ont écrit les apôtres, ne sont que cela et le supplément en est annexe. De la même manière, les saints de toutes époques, répètent l'évangile et ce qu'ils disent d'autres ne sont qu'annexes, des développements car toutes les époques ne sont pas les mêmes, voila pourquoi Dieu éclaire les Hommes pour qu'ils puissent comprendre et pratiquer la Parole, selon le lieu et l'époque où ils se trouvent, car tout ne se fait pas de la même façon, ce pourquoi il y a unité dans la diversité. Le fondamental de la bonne nouvelle est le repentir pour les péchés, l'acceptation de Jésus-Christ et la charge de sa croix dans la persévérance pour tenir jusqu'au bout et avoir le Salut ayant pris le bain de la nouvelle naissance, sans quoi l'Homme n'est connu de Dieu et ne peut donc avoir part avec Lui. Ces textes sont une base pour une foi véritable car comment vivre en Dieu sans connaître Sa Parole, et s'il n'y avait pas de communion de parole comment s'entendre en communauté ? La Bible est une base pour connaitre Dieu mais puisque la lettre est morte et que c'est l'Esprit qui vivifie, l'Homme comprendra la Parole par l'Esprit-Saint. Oui c'est par les révélations que nous donne l'Esprit-Saint dans notre méditation que nous comprenons la Parole. Autrement, on comprendrait, on interpréterait à notre manière, et l'exemple du fait culminant dans cette folie est ce constat d'aujourd'hui, où nous voyons des groupes, et des sectes pernicieuses, diverger, se contredire en prétendant se baser sur la Bible. C'est que, lorsqu'ils fondent leurs doctrines, ils vont dans la Bible puiser ce qui a l'apparence de confirmer celles-là en prenant le soin d'esquiver minutieusement ce qui les contredirait ou semblerait les contredire. La Parole se contredit-t-elle ? Non. Mais ne savez-vous pas que les Hommes parlent d'après les contextes et les situations ? Que la Parole a du sens dans la direction où on la met ? Je vais prendre l'exemple d'un proverbe de Salomon qui est : « *Ne réponds pas au sot selon sa folie de peur que tu ne lui ressemble toi aussi ; réponds au sot selon sa folie de peur qu'il ne s'imagine être sage.»*[17] Si Salomon se limitait à écrire la première partie de ce proverbe, l'Homme se retrouverait dans la situation où il a agit selon la deuxième et croirait avoir mal agit. Si le Sage n'affirmait que les radicaux, sans les expliquer, on dirait qu'il se contredit. Et même dès lors, comment savoir quand agir de telle ou de telle autre manière ? Il faut ceci : le discernement, or c'est l'Esprit qui discerne, parce qu'Il connait tout. L'Homme charnel aurait du mal à discerner parce qu'il ne connait pas, mais suppose, conjecture. Par le discernement qu'Il exerce, l'Esprit peut nous amener à agir comme ceci aujourd'hui et comme cela demain ; à prendre le don de tel aujourd'hui et le refuser demain car la deuxième fois il est empoisonné, et cela, sans qu'on ne connaisse même, peut-être un jour on entendra parler, mais Lui, connait tout. Et par Lui, nous avons la plénitude au point où nous pouvons parler sur un sujet que nous n'avons pas maitrisé, ni étudié par la manière charnelle. Les Hommes qui ont le don de parler en langues, ont-ils appris cela et où ? C'est donc par l'Esprit qui connait tout et qui n'apprend rien puisqu'Il possède tout. Comprenez cette parole.

Lire la Bible de l'Esprit-Saint signifie donc lire la Bible en se fiant plus à la méditation par l'Esprit-Saint que par les interprétations conjecturelles. Misez sur l'Esprit-Saint qui connait tout et qui peut tout vous apprendre. Mais comment l'avoir si vous n'êtes pas nés de Dieu, comment naitre de Dieu si vous n'acceptez pas Jésus-Christ ? Comment accepter Jésus-Christ si vous aimez plus le mal que le bien ? Comment choisir le mal sans offenser le SEIGNEUR ? Et qu'est-ce qui est réservé pour ceux qui choisissent L'offenser ? C'est un appel à la conversion : non pas que vous alliez dans une confession religieuse, mais que vous changez vos cœurs en souhaitant et travaillant à faire en tout la volonté de Dieu, à Lui demander de vous guider, et c'est Lui qui vous guidera à faire ce qu'Il veut. Et ce qu'Il veut est toujours bon. Je vous exhorte à comprendre ceci.

---

[17] *Proverbes* 26.4-5.

Certes, les divergences aujourd'hui sont flagrantes, d'une version de la Bible à une autre, et il me semble qu'on soupçonne ou dénonce de part et d'autre les endoctrinements de la Bible. Sans compter que les imperfections de traduction ne sont pas négligeables. Certes, c'est vrai. Mais si l'égarement existe, ce n'est pas pour tous, mais pour ses enfants, comprenez cela. Vous, cherchez sincèrement car Dieu guide celui qui vient à Lui de tout cœur, dans le cœur brisé, dans l'humilité, dans la sincérité, pour se repentir et marcher dorénavant selon Ses voies. N'est-ce pas Dieu qui s'est Lui-même fait connaitre ainsi ? Comme Celui qui accueille le pécheur repentant ? Changez donc vos cœurs, c'est le cœur la racine car celui qui a en effet un bon cœur est attiré vers le bien, même s'il se retrouve dans une mauvaise situation, il en sortira parce que son cœur n'est pas attiré par cela. Il en est de même pour celui qui a un mauvais cœur, il est attiré par ce qui est mauvais, il ne supporte pas lire les écritures inspirées de Dieu puisqu'en les lisant il se sent reproché et puisqu'il ne veut pas changer de mentalité, de cœur, il ferme le livre, et va se donner à des prières rituelles et des chants "religieux", des choses qui n'ont pas besoin de sincérité. Celui qui a le mauvais cœur cherche des gens qui vont lui dire ce qu'il aime entendre, lui donner des espoirs du matériel et des joies, il garde parfois une apparence de piété, mais sa mauvaise racine ne peut produire de bons fruits. Il préfère se donner à des choses formelles qui vont l'aider à se mentir à lui-même. Il croit en Dieu sans croire, c'est-à-dire qu'il titube. Il fait parfois ce qui est bon de faire, mais pas pour de bonnes raisons car il fait ces choses pour se mentir à lui-même, pour qu'on le voie comme tel. Il cherche que la Parole de Dieu et la Volonté de Dieu soient taillées à sa mesure, il ne les veut surtout pas dans leur pureté, car il ne peut les accepter. Si le SEIGNEUR ne le prend pas, il tombera sur un faux prophète à cause de qui il vendra même son lit pour "semer", dans l'attente des miracles qu'il n'aura pas. Après des années dans la "foi", il restera un pécheur abject, parce qu'il n'a pas voulu le bon cœur et est resté mauvais de cœur et conjecturel. Sa sagesse sera peu de chose, malgré sa montagne d'expérience ; il n'a pas reçu l'Educateur, le Formateur, l'Ami des enfants de Dieu : l'Esprit-Saint. La mauvaise racine cause que les Hommes préfèrent plus souffrir pour ne pas être sauvés que de souffrir un peu pour être sauvés : c'est paradoxal. Car quand la Parole lui faisait souffrir, il aurait du savoir que c'est comme ça que ça se passe car pour être en Dieu il faut connaître Sa Parole et si on s'informe sur Sa Parole, on s'informe sur le Bien qu'on ne connaissait pas jusqu'à lors, il y a de quoi ça nous fasse souffrir un peu puisqu'on sent que c'est cet Homme qu'on veut faire mourir qui est entrain d'être indexé. Il faut donc supporter et se renseigner davantage pour mieux le faire mourir et revêtir l'Homme nouveau. Mais l'Homme au mauvais cœur n'aime pas lire la parole de Dieu. Il préfère plutôt des choses par lesquelles il va tirer son plaisir comme la chanson et pour la formalité, les prières rituelles. Je vais vous dire une chose profonde, ou du moins, une chose que j'ai jugée profonde. Dans le livre de Matthieu, les chapitres cinq, six et sept (trois chapitres) le Seigneur donne une foule d'enseignements, pour la justice de l'Homme, et termine par : « *Ainsi tout homme qui entend les paroles que je viens de dire et les met en pratique, peut être comparé à un homme avisé qui a bâti sa maison sur le roc. La pluie est tombée, les torrents sont venus, les vents ont soufflé ; ils se sont précipités contre cette maison et elle ne s'est pas écroulée car ses fondations étaient sur le roc. Et tout homme qui entend les paroles que je viens de dire et ne les met pas en pratique, peut être comparé à un homme insensé qui a bâti sa maison sur le sable. La pluie est tombée, les torrents sont venus, les vents ont soufflé ; ils sont venus battre cette maison, elle s'est écroulée, et grande fut sa ruine.* »[18] Donc, puisque ces enseignements sont pour la terre, pour l'Homme envers son prochain, pour le comportement que l'Homme doit avoir, puisqu'il n'est pas question du comment déplacer les montagnes, du nombre de cieux, de la voix des anges, des entreprises des Gloires, c'est donc la justice, la simple justice. Si celui qui entend donc la justice et la pratique est ainsi entrain de bâtir une maison qui ne tombera pas, sachez donc que si vous cherchez la justice vous trouverez Dieu, et si vous cherchez Dieu vous devez vous heurter à la justice. Certains veulent bien être sauvés sans pour autant vouloir pratiquer le droit, ce n'est pas bon.

---

[18] *Matthieu* 7.24-27.

Voulez-vous être parfaits en Christ ? Sachez que vous le serez lorsque tout ce que vous ferez ce sera par Dieu, c'est-à-dire par l'Esprit-Saint.

Et pour ce qui est de la religion, l'apôtre de Jésus-Christ Jacques écrit : « *La religion pure et sans tache devant Dieu le Père, la voici : visiter les orphelins et les veuves dans leur détresse ; se garder du monde pour ne pas se souiller.*»[19]

Et Souvenez vous que l'Eglise c'est le corps du Christ, c'est-à-dire les nés de nouveau qui sont les membres de ce corps, qui marchent selon la voix de l'Esprit-Saint, une seule personne parmi eux est déjà une partie de l'Eglise, est déjà l'Eglise.

Sachez aussi que si vous êtes dans un groupe qui quand bien même vous parlerait de Dieu jour et nuit, dirait ¨au nom de Jésus¨, vous fera prier, jeûner, etc. S'il vous maintient dans un état par lequel vous ne serez pas nés d'en haut, il sert Satan ce groupe.

NON PAS JE NE GIFLE PAS ET ON NE ME GIFLE PAS, MAIS JE NE GIFLE PAS ET ON ME GIFLE

J'ai donné à cet enseignement ce titre par rapport à ce que Jésus Lui-même a déjà dit : « *Si quelqu'un te gifle sur la joue droite, tends lui aussi l'autre.*»[20] Ceci est pour matérialiser l'idée selon laquelle c'est en perdant volontairement matériellement (argent, bien, énergie …) qu'on peut gagner spirituellement : « *Le plus grand parmi vous sera votre serviteur* »[21]. En effet, dans le monde, c'est matériellement qu'on regarde le gain et qu'on fixe la valeur de l'Homme. Mais devant Dieu, c'est spirituellement qu'on gagne et qu'on vaut. Je vous dis donc que ce gain spirituel prend la forme d'une perte matérielle volontaire.

---

[19] *Jacques* 1.27.
[20] *Matthieu* 5.39.
[21] *Matthieu* 23.11.

Bien souvent, lorsque nous utilisons l'expression « de nos jours », nous sommes dans l'erreur car pour biens de choses que nous vivons maintenant, les Hommes ont vécu cela depuis les temps peu lointains de la création, dans ce sens où Salomon disait : « *rien de nouveau sous le soleil !* »[22] Car depuis, existe le bien et le mal : la soumission et la désobéissance, la bonté et la méchanceté, la sagesse et la sottise, la fidélité et la trahison, l'amabilité et la haine, la pudeur et l'impudicité, les bonnes mœurs et la débauche, etc. Qu'est-ce qui est nouveau ? Voilà pourquoi je dis, en ces temps comme dans les temps anciens, existe des Hommes qui n'ont pas assez de sagesse pour comprendre comment on peut gagner spirituellement devant Dieu dans la vie quotidienne. Mais je vais insister, de peur de vous perdre dans la lettre que la véritable piété d'un Homme c'est de faire la volonté de Dieu. Et à ce propos, la lettre est un conduit directionnel, et donne aussi des exemples sauf qu'il faut encore comprendre, et savoir discerner des moments. Voilà pourquoi c'est par l'Esprit-Saint, Lui qui sait tout et discerne parfaitement des moments qu'on y arrive ; Donc ne lisez pas des écrits et vous vous laissés être gênés parce que vous pensez que c'est à vous qu'on s'adresse ici ou là ou que ce que vous faites est mal, car tel chose peut s'appliquer ici et non pas là ; dans telle situation et non dans telle autre, voilà pourquoi, Hommes bien-aimés, je vous exhorte à chercher d'abord l'Esprit-Saint que l'Homme reçoit comme semence en lui pour appartenir à Christ. C'est par Lui qu'on comprend les Ecritures et non par la conjecture. Lui-même est d'ailleurs capable de produire toute connaissance en vous, tout ce dont vous avez besoin de connaître, tout ce qu'Il choisit de vous faire connaitre ; mais, puisque Dieu choisit aussi glorifier tous dans tous, voilà pourquoi Il a aussi donné des Hommes comme enseignants, non pas qu'ils sont nécessaires, mais parce qu'Il a voulu les choisir pour cela. Et dans le cas où vous avez quelqu'un qui vous enseigne, l'Esprit-vous fera assimiler les connaissances qu'il vous donne, dans le cas où vous avez plutôt la Bible, l'Esprit vous aidera à comprendre et à assimiler les enseignements des Ecritures, et dans le cas où vous n'avez ni enseignant direct ni Ecriture, Il a le pouvoir et la puissance de

---

[22] *Ecclésiaste* 1.9.

produire la connaissance en vous-même. Voilà pourquoi ceux qui vivent parfois retirés peuvent être étonnement sages, c'est que l'Esprit de Dieu en eux produit pour eux la connaissance, à chaque Homme selon le don que Dieu a voulu lui donner. Donc c'est d'abord l'Esprit-Saint qu'il faut chercher, pour que l'écrit ne vous égare pas, en dépit de conjecturer juste ce qu'on a voulu dire, ou choisir et rejeter en fonction de l'intérêt que vous portez à ci ou ça.

Aussi, ne vous découragez pas de ce que les Ecrits blessent. Dieu disait par la main de Paul : « *Vivante, en effet, est la parole de Dieu, énergique et plus tranchante qu'aucun glaive à double tranchant. Elle pénètre jusqu'à diviser âme et esprit, articulations et moelles. Elle passe au crible les mouvements et les pensées du cœur. Il n'est pas de créature qui échappe à sa vue, tout est nu à ses yeux, tout est subjugué par son regard. Et c'est à elle que nous devons rendre compte* »[23] ; et celle de Jérémie : « *Ma parole ne ressemble-t-elle pas à ceci : à un feu –oracle du SEIGNEUR-, à un marteau qui pulvérise le roc ?* »[24] Mais acceptez et sachez que la Parole participe à vous perfectionner. Qui sait ? Peut-être vous valez déjà quelque chose, peut-être que vous êtes déjà matures. Mais pourquoi ne pas être parfaits ? Faisons donc des progrès.

Je reprends donc que le gain spirituel s'obtient souvent par la perte matérielle, c'est pourquoi le Seigneur a dit ce passage qui vous est si connu. Je suis un professionnel, mon collègue est amateur. Je suis plus fort et efficace dans le travail, mon collègue l'est moins. Mais ne puis-je pas parfois accepter qu'on ait autant de revenu l'un l'autre, pour lui montrer l'amour de Dieu, ou ne puis-je pas lui donner plus que moi ? C'est aussi ici qu'on a des gains spirituels, qu'on gagne devant Dieu.

Nous avons fait un travail et à la fin le dû qu'on nous a remis est impair ou suscitera une division même d'un petit nombre pour qu'on soit égal. En dépit de nous

---

[23] *Hébreux* 4.12-13.
[24] *Jérémie* 23.29.

faire ridicules par la division d'une petite pièce d'argent, ne puis-je pas faire cadeau de la plus grande partie à mon prochain et me contenter de la petite ? Voilà où se trouve un gain devant Dieu.

Quand je donne à mon prochain, en dépit de lui donner quelque chose de très infirme, ne puis-je pas lui donner quelque chose de plus consistant, ou lui acheter la même chose que je me suis acheté, ce qui a la même valeur ? Voilà où se trouve un gain spirituel, voilà comment on gagne devant Dieu. Ce n'est pas parce que je vais pour le village que je dois forcément y apporter comme cadeau pour eux des vieilleries, je peux y apporter du neuf, comme ce dont je me sers moi-même. Ce n'est pas parce que c'est au pauvre que je donne que je dois donner ce qui est périmé, ce qui partait tout droit à la poubelle, je peux lui donner le neuf, le chaud et me contenter du périmé et du vieux, ou de ce qui a la même nature que ce que je lui offre, c'est aussi de cette manière qu'on fait ce qui est bien devant Dieu.

Dois-je me lasser du service des autres, des aides (porter la charge de tel, donner ça à tel, faire la commission de tel …) ? C'est aussi de cette manière qu'on gagne devant Dieu.

Si j'ai fait un prêt à celui qui ne peut rembourser, je peux le lui faire cadeau.

Si j'ai fait dix efforts et qu'on ne présente que cinq, je peux laisser passer sachant que je fais ces efforts pour Dieu, et non que, voulant réclamer ma juste gloire devant les Hommes, je cite les cinq autres.

Si on me calomnie, en présentant mes manquements et comme c'est d'ailleurs d'usage, en mentant même que j'ai fais ce que je n'ai jamais fais ou ce que je n'ai pas eu l'intention de faire, en dépit de discuter et de présenter la foule de mes bienfaits, je peux juste, et si juste, me remettre à ma Merveille : Dieu mon Père céleste et Jésus-Christ mon Seigneur.

Je ne dois pas agir avec en esprit de faire voir ma brillance aux yeux des Hommes pour la gloire qui vient d'eux, mais juste laisser mon Père leur faire voir ma brillance quand Il veut, et ce sera sept fois plus que ce que je m'attendais. Car Il a dit : « *Ne touchez pas à mes messies, ne faites pas de mal à mes prophètes.* »[25]

En dépit de corrompre "un peu" pour sortir d'un problème, je peux choisir dépenser plus fort pour être dans le droit, car c'est de cette manière même que matériellement je pourrais dépenser moins à la longue, car la corruption engendre la corruption, ainsi de suite.

Le cadet qui prend la grande part pour laisser la petite à son ainé, sèmera le désordre : trop de cris dans la maison.

Le jeune qui choisit le plus précieux du gigot, ne se fera pas féliciter après la fête.

L'Homme qui va se servir en premier avant les nobles, risquera être humilié, qu'on lui dise : « va t'asseoir, attends d'abord que les nobles se servent et ensuite tu te serviras ».

L'Homme qui s'invite lui-même mangera les restes et dans le déshonneur.

L'Homme intempérant qui se fait une part si grande qu'elle se verse, versera davantage car tremblera suite aux mauvais regards à son encontre, qu'il sera dans la gêne

Mais mieux que tous, celui qui sait gérer la colère, la faute et l'offense du prochain sera honoré par Son Créateur. Lorsqu'en effet l'Homme commet une faute, le mieux est que non par amour du gain ou de l'intérêt, mais par amour pour son âme, on aille le reprendre doucement en dépit de l'humilier en public ou de vite se dresser contre lui.

SUR LA COMMUNAUTE

---

[25] *Psaume* 105.15.

Chers enfants de Dieu, je vous exhorte ici à aspirer à la perfection dans la vie communautaire. En fait, aspirez à la perfection dans tout ce que vous faites en Jésus-Christ, et la vie communautaire est un aspect non négligeable. Pourquoi en effet Dieu a voulu que nous menions ici-bas une vie communautaire ? Ne savez-vous pas qu'étant enfants de Dieu nous sommes appelés à vivre dans un même lieu, et en plus dans la paix et l'entente ? Ne devons-nous donc pas nous initier à cette vie ici-bas ? Ou comment nous vivrons avec Dieu s'en étant détesté ici ? Ou comment nous nous entendrons dans la vie éternelle quand ici nous sommes dans la discorde ? Comment la vie en Christ serait-elle solitaire ? Comment l'Homme de Christ, l'Homme spirituel serait-il un « one-tête », un Homme hors monde ? Le Royaume des cieux est-t-il un lieu de solitude ? N'avez-vous pas lu que la grande cité carré de *douze mille stades* de cotés et de hauteur, avec des remparts de *cent quarante-quatre coudées*[26] est la cité des élus ? L'Homme y vivrait-il seul ? Ne savez-vous pas qu' « *Il n'y aura plus ni deuil, ni cri, ni souffrance, car le monde ancien aura disparu* »[27] ? Ce sont des Hommes haineux qui y vivront ? Ou ne savez-vous pas que le Seigneur a dit : « *En vérité, je vous le déclare, tout ce que vous lierez sur la terre sera lié au ciel, et tout ce que vous délierez su la terre sera délié au ciel.*»[28] Voulez- vous y vivre avec des ennemis ? Comment donc est-ce qu'il n'y aura plus de cris et de souffrance ; quand l'inimitié produit la querelle ? La vie dans la cité sainte se passera avec tous les élus de Dieu, tous, voilà pourquoi nous sommes appelés à manifester de l'amour et cohabiter pour un peu de temps ensemble sur la terre, comme préparation de ce qui nous attend. Aussi, n'aimez pas seulement vos proches, aimez même ceux que vous ne voyez pas, même ceux qui ne sont plus d'ici, en effet, ils restent nos frères, même ceux qui viendront restent nos frères. Sachez donc que même dans les lieux éloignés de vous, qui sont si loin de vous, il y a ceux qui sont comme vous : amoureux de Dieu, et étant engagés dans la suite de Jésus, ce sont vos compagnons.

---

[26] *Apocalypse* 21.16.
[27] *Id.* 21.4.
[28] *Matthieu* 17.18.

Et commet vivre en communauté ? Est-ce en orgueilleux ? Est-ce de dire ¨je suis meilleur que vous¨ ? Ou ne savez-vous pas que Dieu ne donne pas tout à la fois à un seul Homme pour qu'il puisse être dépendant des autres, et que par cette dépendance il puisse connaitre et respecter la valeur de l'autre, et que cela engendre l'humilité, et que l'humilité engendre pour sa part l'amour, et que l'amour est le lien parfait qui peut exister entre deux Hommes, que l'amour produit la paix ? Si Dieu donnait tout à un Homme, la conséquence c'est que, puisqu'il ne gagne rien de l'autre, il peut donc ne point s'abaisser, ce qui est l'orgueil, qui à son tour engendre la querelle et la haine. Voila que le SEIGNEUR de part Sa sagesse, et voulant préparer Ses enfants sur cette terre à ce qui les attend dans la vie éternelle a jugé bon de ne pas tout donner l'Homme, mais de repartir le tout à tous pour que chacun contribue selon son avoir, sachant que l'avoir de l'autre compte aussi, en compensant ce qu'on n'a pas, tout comme le notre compte en compensant ce qu'il n'a pas. C'est de cette manière que chacun se sent utile et personne ne se sent lésé. **Pour Sa maison, Dieu a appelé des ouvriers : à l'un il a confié de diriger les travaux, à un autre de faire les briques, pour le prochain de faire les poutres, pour le suivant de monter les murs, et ainsi de suite. Quel ouvrier dira : ¨Oh misère ! Le Seigneur ne m'a pas donné de participer à Son œuvre, voila que je suis bon à rien¨ ?** C'est donc ça : par l'amour de tous et tous Ses enfants, petits et grands, le Seigneur a donné à chacun une grâce par laquelle il peut participer à Son ouvrage sur la terre. De telle manière que quand votre frère a besoin de vos services, en dépit de vous irriter, réjouissez-vous plutôt et rendez grâce à Dieu, c'est votre emploi, c'est une tâche qu'on vous offre, on vous tire du chômage ; car en participant à bâtir la maison, vous vous inscrivez aussi pour avoir part à la rémunération. Qui en effet sera rémunéré pour un travail qu'il n'a pas accompli ? Dieu est un Patron qu'on ne dupe point. Donc, évitez d'être insensés. Qui en effet en manquant du travail verrait d'un mauvais œil celui qui vient lui en proposer, ne le bénirait-il plutôt pas ? Le chômeur maudirait-il le recruteur ? Non. Mais de la même manière que pour un travail matériel on a une récompense matérielle, estimez aussi que pour des travaux spirituels on a une récompense spirituelle, et est-ce à moi de vous dire combien le spirituel l'emporte sur le matériel ? Sachez-le donc. Ne constatez-vous pas la grandeur de Dieu dans tout ce qu'Il fait, Lui qui déborde d'amour pour Ses enfants, et veut le bien de tous ? Admirez la répartition des dons : à l'un il donne la prophétie, à l'autre, l'intelligence ; à l'autre encore la puissance, à tel, les langues, tel autre l'interprétation ; celui-ci, les moyens matériels, celui-là, les moyens financiers ; etc. De telle manière que le don de quelqu'un a toute sa valeur lorsqu'il est complété par le don de l'autre, ou lorsqu'il est prit en compte par l'autre. Par exemple, celui qui parle en langues sait qu'on ne désirerait pas qu'il prenne la parole s'il n'y avait pas d'interprète, et celui qui interprète sait que son don est nul d'effets s'il n'y a pas celui qui parle. Ainsi se complètent-ils et s'aborderont avec respect ; et s'aimeront en outre, sachant que l'un a besoin de l'autre. C'est comme cela que Dieu a trouvé bon de faire les choses, pour le bien de tous avec la participation de tous. Pour préparer Ses enfants à la vie éternelle, Il a trouvé bon qu'il y ait de l'amour, et pour servir l'amour, Il a instauré l'interaction, et pour que l'interaction soit manifeste, Il a su qu'il faut qu'il y ait dépendance, et pour arriver à la dépendance, il faut une sage répartition des dons, de telle manière que l'un a ce que veut l'autre, et l'autre a ce que cherche l'un. La dépendance entraine le respect de celui face à qui on dépend, ce qui amène à l'abaissement de soi pour avoir sa faveur, ce qui construit l'humilité, ce qui conduit à l'amour. En guise d'illustration, regardons autour de nous : quand un enfant est en fâcherie avec son parent, si la querelle s'attarde et que le père dise « ça suffit », comprenant que son parent est vraiment irrité, même si c'est lui (l'enfant) qui a raison, il s'arrête, de peur d'irriter encore plus son père, pour ne pas avoir à subir la sanction qui vient d'un père gravement irrité. Il s'arrête. Le père en effet peut lui dire : ¨je ne te donne plus ceci, je ne te fais plus cela, ou encore, libère ma maison de ta présence¨. Connaissant donc sa dépendance face à son père, l'enfant craint. Mais arrive que la situation soit pareille avec quelqu'un face à qui il n'est pas dépendant, qui n'est pas son parent, même plus âgé que son père, il se sent moins obligé de se taire, et peut choisir même s'énerver davantage, ce qui peut tourner au vinaigre. La dépendance est bonne pour avoir des liens de paix, d'amour et de fraternité, celui qui n'a pas besoin de l'autre sombre dans l'orgueil, et n'est donc pas loin de la haine, sentiment contraire à ce que l'enfant de Dieu doit avoir puisque les fruits de la haine sont la jalousie, les querelles et la rancœur, alors que la cité sainte est une cité de paix et d'amour, et c'est à elle que Dieu nous appelle. Ne savez-vous pas que les messies du Seigneur ont parfois manqué de pain, n'avez-vous pas pensé aux prophètes et apôtres de Dieu ? Ces hommes excellents ont parfois été tellement dépourvus de biens matériels, tellement démunis. Celui à qui appartient l'or et l'argent n'a-t-Il pas été capable de nourrir Ses envoyés ? Si ! Ceci est pour que nous, Son peuple, mettons notre orgueil dans le fait de les avoir accueilli, hébergé, nourri, puisque c'est cela que nous pouvons leur donner, eux qu'Il a chargé de nous donner des biens spirituels sans quoi nous valons moins que des animaux. Pour qu'on ne se sente pas lésés, il les a donc appauvrit matériellement, pour les faire aussi dépendre en quelque sorte de nous, pour notre bien. Pour qu'en leur donnant notre verre d'eau à boire ; pour que femme, en leur donnant notre plat de nourriture, pour que homme, en les hébergeant, pour qu'enfants, en les aidant à faire une commission, ayons suffisamment d'énergie pour espérer en la récompense de ceux qui font les œuvres de Dieu, par notre participation à ces œuvres. Car si par la faim et la soif le prophète manque de forces pour donner son message de grâces, en leur donnant ces choses, non pas qu'ils ont si besoin, mais que Dieu notre Père a choisi nous faire plaisir en ce qu'ils reçoivent cela de nous, espérons aussi à la récompense selon ce qui est écrit : « *Qui vous accueille m'accueille moi-même, et qui m'accueille, accueille Celui qui m'a envoyé. Qui accueille un prophète en sa qualité de prophète recevra une récompense de prophète, et qui accueille un juste en sa qualité de juste recevra une récompense de juste. Quiconque donnera à boire, ne serait-ce qu'un verre d'eau fraîche, à l'un de petits en sa qualité de disciple, en vérité, je vous le déclare, il ne perdra pas sa récompense.* »[29] Si Dieu n'avait pas fait ainsi, nous serions sans espoir. Il les enseigne aussi à accepter de bon cœur nos bienfaits, nos petits dons ; et à les bénir de telle manière que si petit que ce soit, que Dieu le prenne grandement. Admirez donc la sagesse de Dieu, et rendez grâces en temps convenables.

---

[29] *Matthieu* 10.40-42.

Aussi, perfectionnez vous dans la vie communautaire car tout ne se fait pas pour tous au même moment. Dans la communauté en effet, il y a des faibles, il y a ceux qui n'ont pas compris ces choses, et sont dépourvus d'intelligence. Supportez les comme vous aussi on vous a supporté, supportons nous les uns les autres. N'ayez pas les yeux sur vos frères pour regarder leurs péchés et les juger, mais pour vous rassurer s'ils sont comme vous appelés à la vie éternelle, car si c'est le cas, tôt ou tard ils comprendront : « *Tous seront instruits par Dieu* »[30], ce qui ne se fait pas au même moment pour tout le monde. Dieu appelle tel dès son bas-âge, mais appelle tel autre à la vieillesse. Est-ce à regarder donc l'âge ? Non, mais regarder l'élection. Car en effet, il y a des moments où les impies ont des faces de piété, et des moments où des justes ont des faces d'impiété. Si ce n'était que par rapport à ce que l'œil voit, au semblant de justice ou de péché qui est visible à l'œil, on dirait à l'élu : "impie", et à l'antéchrist : "juste", "prophète". À Paul qui par ignorance a persécuté ses frères, on dirait : "que Dieu te punisse". Mais étant délivré de son ignorance par Son Seigneur, et faisant des œuvres sans pareilles, travaillant à merveille, on aurait honte de ce qu'on a pensé à son propos. Cherchez donc à avoir le regard de la volonté de Dieu et ne vous bornez pas aux apparences. Ne savez-vous pas que quand l'enfant est petit, à cause de sa beauté, de sa peau tendre, de ses grimaces et des parfums dont il est embaumé, on aime le porter, lui donner des baisers, mais que c'est ce même enfant qu'on aimait, qu'on riait à son sujet qui devient abominable, criminel, méchant exacerbé, vrai impie, que c'est lui qui traque dans la nuit celui même qui le dorlotait, que c'est lui qui met un couteau dans le ventre de celui-là même qui lui donnait des cadeaux, que c'est lui qui devient rebelle à celui qui l'aimait et qui cherche son bien ? Allez-vous vous faire séduire par le sourire de l'enfant ? Sondez les profondeurs et soyez raisonnables. Dans la communauté, disais-je, il y a des faibles, ceux que leur instruction ne brille pas comme la votre. Supportez les donc ; supportez leurs offenses sans résignation, sachant que le Seigneur vous a supportez même là où aucun Homme ne pouvait accepter continuer, le Seigneur vous a supporté dans

---

[30] *Jean* 6.45.

l'insupportable. Prenez donc l'exemple sur ce que le Seigneur a fait pour vous pour savoir comment faire avec le prochain. Qui va en effet faire connaitre la miséricorde de Dieu à ton frère si ce n'est toi ? Comment ton frère connaitra-t-il Dieu, Son pardon et craindra dans l'humilité, si ce n'est par toi ? Dieu habite-t-Il avec nous, mangeons-nous avec Lui, est-ce Lui qu'on frapperait dessus à tort, causerait la chute, insulterait ? Non. Il est Juste juge dans les cieux. Et l'écriture dit : « *ta méchanceté n'atteint que tes semblables, ta justice ne profite qu'à des Hommes.*»[31] Comment l'Homme connaitrait-il Dieu miséricordieux si ce n'est par des fautes pour lesquelles il n'a pas été puni ? Si quelqu'un a en effet été puni pour une faute qu'il a commise, c'est quitte. Il a semé, il a récolté, quoi de plus ? Il n'a même pas à rougir de nous voir, à baisser la tête quand il nous croise sur le chemin, quand il a déjà purgé sa peine, puisque nous lui avons porté plainte, il nous a payé dommages et intérêts et est allé purger sa peine. Etant terminée, c'est nous plutôt qui baissons notre tête, par crainte qu'il ne se venge, c'est nous qui dormons mal, puisqu'ayant reçu dommages et intérêts, notre conscience témoigne que nous avons profité, car si l'on paie les dommages, est-ce forcément qu'il y a à payer les intérêts ? Voilà, c'est nous maintenant qui nous retrouvons en situation de faiblesse, alors que c'est lui qui aurait baissé la tête. Ne savez-vous pas que celui qui baisse la tête témoigne qu'il est le plus petit, que vous le dépassez ? Sachez donc que c'est par les péchés que l'Homme a commis sans qu'on ne l'ait puni pour ça qu'il connait la miséricorde de Dieu. C'est par votre miséricorde qu'il connait celle de Dieu, or la miséricorde de Dieu sauve. S'il avait été puni, ce serait quitte et s'il vient même à Dieu en ce moment, c'est pour chercher secours contre votre adversité. C'est lui qui a fait le mal qui devient maintenant celui qui cherche le secours, contre vous, et vous ne lui donnerez pas l'occasion de bien connaitre Dieu, car pour lui maintenant, Dieu et lui sont contre vous. Or est-ce Dieu d'amour, d'entente ou de haine ? Comment vous allez prendre Dieu à témoin et votre adversaire aussi, Dieu est donc pour qui ? Alors que si c'est une faute pour laquelle vous ne l'avez pas puni en le pardonnant, s'il vient à Dieu,

---

[31] *Job* 35.8.

Dieu l'enverrait d'abord s'excuser auprès de vous et c'est comme ça qu'il serait en effet venu à Lui, et il reconnaitrait donc votre grandeur, et s'humilierait devant vous. Il est en effet écrit : « *Quand donc tu vas présenter ton offrande à l'autel, si là tu te souviens que ton frère a quelque chose contre toi, laisse là ton offrande, devant l'autel, et va d'abord te réconcilier avec ton frère ; viens alors présenter ton offrande.* »[32] Chers grands, je ne veux pas vous laisser ignorer que les péchés que vos frères amassent contre vous, c'est pour votre propre bien si seulement vous les supportez. Car, regardant leurs vies et voyant une foule de péchés pour lesquels ils n'ont pas été punis, ils se sentiront redevables. Est-ce à votre égard ? Comment ? En effet, « *qu'est donc l'homme* »[33] ? Et ces gens vous dominent parfois en force et en puissance. Ils se sentiront donc redevables à l'égard de l'Auteur de la Justice et de tout ; Lui qui les dépasse en force et puissance, et ils ne seront pas tranquilles. ayant peur des représailles, ils viendront quémander l'amitié de l'Auteur de la Justice face à laquelle ils ont transgressé, craignant que Son courroux ne soit lourd sur eux, quand ils viendront, Il les enverra d'abord vers vous, pour leur faire savoir que la justice, c'est d'abord avec son frère, lui qu'on voit, lui qui ne doit pas être négligé, et devant vous il s'humiliera, prêt à vous écouter quand vous parlez, sachant que vous qui jadis avez déjà à cœur de vous soucier de la justice au point de ne point rendre le mal par le mal êtes supérieurs à lui qui ne vient que de s'en soucier maintenant, et cela lui donnera de l'énergie spirituelle pour que lui aussi demeure dans le bien, avec Dieu son Père et vous son frère à ses cotés. Il aurait donc connu Dieu grâce à votre tolérance, endurance, patiente à son égard, et au pardon de ses péchés par lesquels il s'est senti redevable. Vous aurez donc contribué au Salut d'une âme. Et, vous n'ignorez pas que pour un tel travail, Dieu donne une grande récompense. Or, si vous l'aviez puni, rendu le mal pour le mal, ne se sentant pas redevable, à quiconque, c'est-à-dire, ni à Dieu (puisque la justice humaine est déjà intervenue, et qu'on n'a pas eu recours à la justice de Dieu), ni à vous, parce que selon la justice humaine il

---

[32] *Matthieu* 5.23-24.
[33] *Psaume* 8.5.

vous a payé dommages et intérêts et il a purgé sa peine, vous n'auriez pas porté du fruit. Sans fruit, sans récompense. Et au cas où celui qui pèche contre vous n'est pas votre frère (car **c'est en Christ qu'on est frères**), considérez le toujours en bien, comme votre part de souffrance en Christ. Bien de choses en effet dépendent de la manière dont on les prend, pour décider en faire du bien ou du mal. Si un impie pèche contre vous, lui qui jamais ne se repentira, souffrez et consolez vous en Christ, Dieu le jugera. Mais si vous le jugez déjà par une justice humaine, vous n'aurez pas fait intervenir la justice de Dieu car Il dit : « *A moi la vengeance, c'est moi qui rétribuerai, dit le Seigneur* »[34] et encore : « *Aimez vos ennemis, faites du bien à ceux qui vous haïssent, bénissez ceux qui vous maudissent, priez pour ceux qui vous calomnient.*»[35] Supportez donc l'offense de l'impie en l'évitant, de peur que les mêmes causes ne produisent les mêmes effets, mais pour votre frère sachez que ce qu'il commet contre vous l'aidera à connaître la miséricorde de Dieu, et de craindre. Ne savez-vous pas que ce n'est que vous qui pouvez faire une telle chose ? Si votre frère pèche en effet contre un impie, celui-ci le payera de retour, et parfois cache ; et s'il ne le fait pas, cela doit être parce qu'il attend le moment opportun. L'impie ne sait donc pas faire intervenir la justice de Dieu, ce que seul vous, qui avez appris à ne point rendre le mal par le mal pouvez faire en pratiquant cela. Les choses dépendent de la manière dont on les prend, prenez tout en bien, et vous souffrirez moins ; si vous vous laissez à un état de faiblesse au point de vous laisser offenser par un rien, vous souffrirez beaucoup, et vous vous découragerez probablement. Soyez donc forts, en transformant en vous le mal en bien, en transformant pour votre intérieur l'insulte en honneur, une perte en bien en gain, une calomnie en bon témoignage, et vous ne vous donnerez pas ainsi de la peine. Nous savons qu'un mot en effet, comme rien d'extérieur n'a pouvoir sur l'intérieur de l'Homme, rien de matériel, aucune parole. Si vous souffrez d'entendre une parole, c'est vous qui vous êtes laissé touché car si vous avez fait comme si vous ne l'avez pas entendu, ou comme si la parole qui est

---

[34] *Romains* 12.19.
[35] *Luc* 6.27.

mauvaise d'intention à votre égard est plutôt bonne, pas de colère, pas de gêne intérieur. Soyez maîtres de vos esprits, fortifiez-le. Et je le répète, rien d'extérieur à l'Homme n'a pouvoir sur son esprit, je parle des choses matérielles et c'est une douleur du corps qui en-soi peut faire souffrir l'Homme. Donc, adaptez votre esprit de la manière qu'il soit affecté au minimum. J'explique et j'insiste pour que vous compreniez bien.

Pour conclure donc cet enseignement, soyez sages dans la vie communautaire, servez-vous les uns les autres, ne vous découragez pas d'accomplir votre œuvre, car Dieu n'oublie pas la chose la plus minime qu'un Homme fait pour Lui. Dites vous que c'est Dieu Lui-même que vous servez, et ce sera plus acceptable. Ne dites pas : ¨j'ai trop fais pour tel¨, ne vous mettez pas dans une situation où votre honte sera grande car on peut unilatéralement rendre des services à quelqu'un pendant des décennies, mais un jour, un seul, c'est son tour de nous rendre service, et ce qu'il fait en ce jour dépasse de loin ce que nous avons fait pour lui tout ce temps, de très loin ; il peut nous sauver la vie. Comprenez les choses car le Seigneur a dit : « *Si vous demeurez dans ma parole, vous êtes vraiment mes disciples, vous connaitrez la vérité et la vérité fera de vous des hommes libres.*»[36] Plus on comprend quelque chose, plus on a des réponses à ses questions, plus on est en paix, sans gêne. Celui qui n'a pas des réponses à ses questions est moins en paix, il est gêné ; celui qui ne se pose pas de questions est mort, du moins pour ce moment.

Aussi, ne cherchez pas à voir le bien en quelqu'un seulement quand il est parfait, car on commence d'abord par être imparfait et c'est en grandissant qu'on le devient. Certains se sont trompés parce qu'ils ont pensé qu'on est quelqu'un seulement quand on est Paul, Pierre, Elie, Abraham etc. Sachez qu'eux-mêmes ont commencé par ne pas être cela, et aussi qu'on ne les considérait pas, on les prenait pour rien, mais c'est à eux qu'aujourd'hui on fait honneur et avec raison, leurs si grand efforts, nous les vantons, et nous bénissons leurs œuvres, leurs travaux. Mais,

---

[36] *Jean* 8.31.32.

Élie n'a pas toujours été Elie qu'on connait, et même Paul, d'un moment à un autre, d'une lettre à une autre, d'une œuvre à une autre, n'est pas le même, car la connaissance grandit, et plus elle grandit, plus les œuvres grandissent, et plus on est meilleur. Ne tombez donc pas dans le piège de donner une certaine considération à votre frère seulement si vous le voyez faire des miracles, mais sachez voir les signes précurseurs, que ce soit dans le bien ou dans le mauvais, pour ne pas alors mettre sa confiance en quelqu'un et être trahi. Que Dieu Lui-même nous aide car en soi, la connaissance de ce qui sied ne nous empêche pas de faire ce qui ne sied pas, si elle n'est accompagnée par Ta Grâce ; ce n'est que Toi, Père céleste qui peut nous guider à faire ce qui Te plaît. Aide-nous SEIGNEUR, Amen.

NE JUGEZ POINT

Chers frères en Christ, je vous exhorte ici à vous éloigner de la condamnation que produit le jugement que l'Homme fait à tort. La base scripturale est la parole du Seigneur même qui dit : « *Ne vous posez pas en juges et vous ne serez pas jugés, ne condamnez pas et vous ne serez pas condamnés, acquittez et vous serez acquittés.* »[37] Or nous savons que l'Ecrit est une source pour connaître la Parole de Dieu. Qu'est-ce qui n'est pas encore dit ? Qu'à-t-on encore besoin de dire ? Qu'est-ce qui n'est pas encore écrit ? Qu'à-t-on encore besoin d'écrire ? Mais nous écrivons, pour multiplier les sources, afin que les fruits portés par la Parole soient davantage nombreux. De telle manière que si l'un manque telle source, il tombera sur telle autre ; s'il ne comprend pas dans telle source, il comprendra dans telle autre. Nous diversifions donc les sources, selon comme le SEIGNEUR nous inspire, car qu'est-ce qui n'est pas dit ?

Frères, quand Jésus nous demande de ne point juger, c'est pour notre propre intérêt. Tout ce que le Seigneur nous demande en effet de faire est pour notre intérêt.

---

[37] *Luc* 6.36-37.

C'est Dieu qui doit juger, car Il juge selon la vérité. En effet, celui qui connait est mieux placé pour juger que celui qui ne connait pas. Soyez prompts plus que quiconque à reconnaître, à distinguer ce qui est mal et ce qui est bien, soyez prompts à encourager qui fait le bien, mais très lents à donner le sort de celui qui fait le mal, très lents à souhaiter qu'il soit puni, qu'il soit châtié, ou qu'il reçoive la colère de Dieu à la Fin, sinon à l'avertir de sa mauvaise conduite et du chemin sur lequel elle débouche et de lui proposer la justice pour sauver son âme. C'est ça le cheminement. Maintenant, pourquoi ne pas maudire le malfaiteur, le punir, ou trancher qu'il mérite la mort. Je vais vous dire pourquoi, comprenez bien s'il vous plaît car cela peut vous éclairer sur les choses. Si l'Homme naissait juste et dans le Chemin, il fallait peut-être que l'espérance de vie soit de quinze-ans, puisque lorsqu'on est dans le bon chemin, de jours en jours on augmente et grandit. A cet âge donc, c'est que l'Homme peut déjà être comme Paul, Pierre, Elie. Mais ce n'est pas ça que le SEIGNEUR a choisit, de cette manière, Son plan ne se réaliserait pas. Il faut donc que l'Homme commence d'abord bas, pour finir enfin haut et être sauvé. Pour cela, Dieu livre l'Homme au péché dans sa jeunesse, le laisse à la merci de sa propre volonté, de son propre désir, le laisse à la merci du mauvais chemin, et de cette manière, par son expérience, il gagne en connaissance, et comme dans toute la vie, en souffrance. Mais, pour Ses enfants, même dans l'égarement, Dieu les fait savoir qu'ils sont à Lui. Et maintenant, vient le moment où Dieu appelle l'Homme pour qu'il Le serve, c'est ce qu'on appelle "nouvelle naissance". L'Homme vient donc, regrette sa vie passé, craint Dieu, se désole du mal dans le monde, et la connaissance du mal qu'il a acquise, il l'utilise maintenant pour le combattre, car celui qui connait quelque chose est mieux placé pour la combattre que celui qui ne la connait pas. Si le médecin ne connait pas votre maladie, comment il peut la guérir, comment savoir quel médicament prescrire ? Donc, c'est maintenant le moment pour que l'Homme porte de bons fruits. Car, tout ce qui existe, tout et tout sont voulus par le SEIGNEUR. Dans la prière, nous disons à Dieu : « *fais se réaliser ta volonté sur la terre à l'image du ciel.* »[38] En fait, c'est la volonté de Dieu qui se fait depuis le début jusqu'à la fin, rien ne peut se faire sans Lui que ce soit en bien ou en mal. Si ce n'est pas Dieu qui faisait les choses, qui les fait, le hasard ? Salomon disait : « *Le SEIGNEUR a tout fait avec intention, même le méchant pour le jour du malheur.* »[39] Dieu utilise donc les Hommes biens pour faire le bien, et les Hommes mauvais pour faire le mal ; il utilise le Bon Esprit qui est l'Esprit-Saint pour faire le bien, et les mauvais comme les démons pour faire le mal ; et tout cela est utile sur cette terre, selon le projet de Dieu. Tout est prédestiné et voulu par Lui. Tout vient de Dieu, même la souffrance. Sinon pourquoi ne faudrait-il pas insulter les Gloires[40] ? C'est qu'elles font ce qui leur est donné de faire. Les méchants font ce qui leur est donné de faire : amasser pour eux-mêmes des péchés, ce par quoi ils vont être condamnés, pour donner au juste sa souffrance légitime (voulue par Dieu) ; ils égarent ceux qu'il leur est donné d'égarer, tout en formant les enfants de Dieu notamment à la connaissance car les enfants de Dieu étant dans leurs rangs vont sortir après, quand ce sera pour eux le temps de sortir. Nous le savons : si un Homme fait son projet, il peut ne point se réaliser car il y a des choses qu'il ne maitrise pas. Si mon projet est de faire un travail demain, la pluie, les vents, un accident… peuvent m'empêcher de le faire car je ne les maîtrise pas. Mais comment le projet de Celui qui maîtrise tout ne va pas se réaliser ? Tout ce qui se fait est la Volonté de Dieu pour le simple fait qu'il n'y a pas moyen que ce ne le soit pas. Comment peut-Il être dieu s'Il ne connait tout ? Comment tout connaître sans être l'Artisan ? Si Dieu n'avait pas créé le mal, c'est qu'il faut que le mal existe en-soi, et s'il existe en-soi, c'est que Dieu a un collègue et si Dieu a un collègue, c'est qu'Il n'est donc plus Dieu. Comprenez bien les choses, je ne sais pourquoi je dois vous les cacher étant donné que la Fin est proche, connaissez bien Dieu et ayez crainte car Dieu est Puissant. Si donc, en ignorant cela on commence à si mal prendre les choses, on arriverait même au moment où c'est contre Dieu qu'on s'irriterait, ce qui n'est pas bon. Observez l'attitude de Jésus quand Satan Le tente, prenez cela

---

[38] *Matthieu* 6.10.
[39] *Proverbes* 16.4.
[40] *2 Pierre* 2.10.

comme modèle. Est-ce qu'il a maudit Satan, est-ce qu'Il l'a ignoré, est-ce qu'Il l'a fui ? Observez l'attitude du Seigneur face à Judas : dès le début Il savait que Judas allait le livrer mais est-ce que cela a empêché qu'Il travaille avec lui ? Observez l'attitude de David envers Saül : il se plaint de la mort de celui qui lui a rendu la vie difficile, il entonne une complainte élogieuse en faveur de son oppresseur, et il lui avait épargné la vie. Regardez les choses avec les yeux d'Hommes spirituellement matures, et non d'enfants spirituels. Dans cette vie, souffrez, recevez l'enseignement, faites vos œuvres, et partez, c'est comme ça qu'on se comporte en enfant de Dieu. Les malins, Dieu peut bien les exterminer d'un coup. Comment Son Plan se réalisera alors? Ils sont là pour faire ce qui a été prévu pour eux, si vous comprenez ça, vous serez plus dans la paix, je vous le dis dans un moment où la terre est déjà secouée ci et là et sera davantage secouée. Le mal sera tellement flagrant que si quelqu'un n'a pas compris ça, il pourrait avoir la tendance au suicide, ou à la rébellion contre Dieu. Or nous savons que tout ce que Dieu fait est bon et vous aurez la preuve dans le monde à venir.

Dès que vous connaissez ça, comment juger alors ? Considérez que le mal que l'autre vous fait est pour vous affermir et vous instruire, et consolez vous chers frères dans le Seigneur. Si c'est votre frère qui n'a pas encore été appelé, il viendra au bien et sera comme vous, et si c'est un impie décidé et confirmé, à Dieu de le juger, son sort en effet est déjà scellé, tout sort est déjà scellé. **C'est parce que le Potier a choisi faire de la terre un vase noble, que le vase est noblement utilisé ; quant au vase qu'Il a choisit faire vulgaire, il est utilisé de cette manière.**

Aussi, le jugement a un aspect très dangereux que voici, je le répète l'aspect est très dangereux : comme je l'ai montré, l'Homme ne naît pas dans le Chemin, mais est appelé par la suite, et il faut que ce soit ainsi pour que l'Homme connaisse la Grâce, ce qui va l'amener à s'humilier et à aimer le SEIGNEUR. Or celui qui prend le Salut comme un mérite, parce qu'il n'a pas fait de mal, ça ne peut même pas marcher car, il regarderait orgueilleusement Celui qui le sauve, n'aura que faire de la louange et l'adoration. Comme l'Homme est conçu dans le péché, si vous qui êtes dans le bon chemin, ou du moins croyez l'être, commencez à insulter, juger, qualifier de pécheurs, d'héritiers de la colère, ceux qui n'y sont pas comme vous, vous serez entrain d'oublier qu'il faut que l'Homme commence d'abord par le péché, pour enfin arriver à la justice afin de connaitre la miséricorde et la Grâce. Vous serez entrain d'oublier que quand ce sera le moment pour cet Homme de venir à Dieu son Père, il sera même meilleur que vous et vous en aurez honte. Vous serez entrain d'oublier que peut-être vous ignorez ce que Dieu a prévu pour eux et que c'est le cheminement que Dieu a choisi et donc, par conséquent, c'est quelque part contre Dieu que vous vous rebellez, car c'est Lui-même qui a demandé de ne pas juger. Vous serez entrain d'oublier que vous-mêmes êtes encore faibles et pouvez retomber en tout temps. Vous serez entrain d'oublier que peut-être vous-mêmes n'êtes pas dans le bon Chemin, ou que vous n'êtes pas encore arrivés. Vous serez entrain de semer la haine entre vous, haine par laquelle vous n'irez même plus l'appeler à la justice, par laquelle même s'il vient à Dieu ce serait difficile qu'il s'entende dorénavant avec vous, même maintenant qu'il est juste. Voilà des choses que vous serez entrain d'oublier. Est-ce à dire que Dieu aime le mal ? Non, mais c'est par le mal que j'ai fais que je connais la miséricorde et la grâce de Dieu, et c'est par eux que je m'abaisse et j'aime. Est-ce à dire qu'on doit accepter ou le tolérer ? Non. C'est-à-dire que nous devons faire ce qu'il nous incombe de faire, et quand vous connaitrez, il ne sera même plus question pour vous de juger les autres, mais parfois vous aurez même pitié d'eux. Faites ce que Dieu vous révèle de faire, faites vos bonnes œuvres, peut juger celui qui connait. Doit-on avoir pitié des méchants ? Oui, mais savoir aussi que ce qui fait le fondamental d'un Homme c'est l'esprit, c'est l'âme, et que la chair n'est qu'un instrument pour faire les œuvres de l'esprit, car l'esprit est immatériel. Sachant cela, qu'y a-t-il donc de semblable, entre l'or sculpté finement et richement décoré de pierres précieuses et une éponge imbibée d'excréments ? Il en est ainsi du bon et du méchant : contradiction. Le premier aime le bien, le second aime le mal, le premier donne largement ce qui lui appartient, le second va prendre avec violence ce qui ne lui appartient pas. Le premier pardonne le tort de l'autre, le deuxième se pardonne à lui-même son propre tort. C'est un avantage que le premier existe, l'existence de l'autre est un péché, car mieux qu'il ne soit pas lui et ses œuvres, qu'il soit là pour les commettre. Soyez sages, non pas à la manière du monde, mais à la manière que Dieu aime.

Sur la souffrance

Un homme était accablé sur le poids terrible de la pensée qu'il devait porter deux gros fagots. D'ailleurs, il ne le pouvait même pas, et était donc angoissé à cause de son affaire. Mais voila qu'un homme véhiculé le vit et sortit de son véhicule, se renseigna de sa condition, et dès qu'elle lui fut narrée, remplit de pitié, lui, bien vêtu, négligea son bon vêtement, sa condition d'homme glorieux et prit le plus gros des fardeaux de son homme, le mit sur ses épaules, ne laissant qu'à l'autre le plus petit. Le gros fardeau sur ses épaules, il marcha, se fatigua, tomba, se salit, se releva ; étant blessé, il ne se découragea pas ; étant sujet d'étonnement de la part de ceux qui le connaissaient, il continua sa route ; étant hué et moqué dans sa route, il ne s'arrêta pas, mais continua sa route jusqu'à l'arrivée, et priva ainsi son homme d'une telle charge que celui-ci ne pouvait supporter. Nous Hommes, misérables et pauvres de tout que nous sommes, et par cette nature pécheresse, nous avons véritablement deux fardeaux à porter : le premier est la souffrance de cette vie, et en deuxième temps la colère de Dieu dans le temps à venir car le péché que nous commettons sans Jésus mène à la mort, et la nature humaine fait que nous sommes tous pécheurs ; il n'y a personne, nul qui n'est pécheur, nous le sommes tous car le pécheur est celui qui ne marche pas selon la volonté de Dieu. Or ni le « je ne vole pas », « je ne mens pas », aucun livre, aucun mode de vie, rien de cela, ne peut nous amener à marcher parfaitement selon la volonté de Dieu, car dans une situation, un Homme peut penser qu'il a bien fait, mais il a mal fait ; en lisant dans la Bible : « *tu ne mangeras rien d'abominable* »[41], plus

---

[41] *Deutéronome* 14.3.

tard l'Homme verrait : « *tout est pur pour ceux qui sont purs* »[42] ; comment le comprendre ? Que faire ? Ni les prières, les jeûnes, les privations, ni rien de ça, en soi-même délivre de cette nature pécheresse qui nous conduit droit à la colère de Dieu. Que faire ? Serons-nous sauvés ? Notre place serait-elle loin de Dieu ? Jésus, Fils de Dieu vivant, Fils Unique du Très Haut, Lui à qui n'incombe aucun malheur, aucune souffrance, aucune peine, mais la Gloire, la Louange, l'Honneur, la Puissance, la Majesté ; a laissé Sa gloire divine, Sa bonne condition divine pour venir sur cette terre, qui est d'autant plus mauvaise à cause de notre méchanceté, se faire bruler par le soleil, alors que c'est nous, misérables Hommes qui devons nous faire bruler par lui comme nous le méritons ; mais Lui est venu partager notre vie, souffrir comme nous, Il s'est rabaissé à notre condition, expérimentant la douleur, la faim, la soif, la tentation, la pauvreté, le déshonneur, la moquerie, l'adversité et la haine des Hommes à Son égard, à cause de nos méchancetés. Il les a supportés, sans renoncer, avec Son tendre message, Sa bonne nouvelle pour le Royaume des cieux, avec des promesses de Salut. Méprisé par nous, Il nous répondait par l'amour, ridiculisé et humilié par nous, Il continuait de porter notre charge, maudit par nous, Il nous donnait la bénédiction pour le Salut : Jésus-Christ, Lui, le Fils de Dieu Vivant. Il l'a fait jusqu'à accomplir la nec plus ultra : le Sacrifice pour la rédemption, pour le pardon des péchés des Hommes. Voila que nous qui étions pour la Colère, nous qui nous dirigions vers notre ruine, nous sommes un peuple nouveau, nous avons accès à la miséricorde de Dieu par le sacrifice de Son Fils Unique ; nous avons l'espérance, non plus de la Colère, mais de la récompense, de la vie éternelle ; voilà qu'avec deux fardeaux de souffrance à porter, on n'a plus qu'un seul, et pour cela on est récompensé : immense l'amour de Dieu, Grande la bonté de Dieu, rien ne peut les contenir. Car Jésus nous a épargné du plus gros fardeau de l'existence : la colère de Dieu. Et maintenant, comme Lui nous a donné l'exemple, il ne nous reste plus qu'à porter -et là encore il nous épaule jour et nuit- ce petit fardeau terrestre, vivre à Sa ressemblance cette petite souffrance terrestre, et non pas le châtiment éternel, ni que

---

[42] *Tite* 1.15.

ce soit quitte, mais plutôt attendre la récompense. Si humainement nous sommes récompensés d'avoir choisi souffrir, voila que Dieu nous récompense d'avoir choisi moins souffrir, car en Le choisissant, nous choisissons porter notre croix dans cette vie, pour être épargnés de la Colère à venir, alors que celui qui ne Le choisit pas choisit à la fois souffrir ici et de la Colère après, car tous souffrent sous le soleil, il n'y a aucun homme à qui la souffrance est épargnée ici : le soleil brule tout le monde, « *et la méchanceté ne sauve pas son homme.*»[43] Oui, Dieu nous récompense d'avoir choisi ce qui est bien, non même pas la souffrance car comme je l'ai dit, tous souffrent ; et les impies souffrent sur cette terre parfois même plus que les justes. Si c'était donc la souffrance qui était récompensée, c'est que certains impies doivent avoir plus que certains justes car eux, ces impies, ont souffert de prison, de bastonnades, d'humiliations, de famines, de maladies, de remords, de détresses abondantes, de durs châtiments, des duperies de l'Adversaire et de ses partisans avec qui ils traitent, des humiliations de tout genre ; oui, ils ont soufferts de ça. Méritent-ils alors la récompense de Dieu ? Non, pour payer leur salaire, voila que Dieu encore les rejette, oui, Dieu ne les sauve pas. Enfants de Dieu, vous les membres du corps du Christ, Dieu ne récompense pas la souffrance en-soi, mais Il récompense ceux qui ont eu l'amour de la vérité, il récompense ceux qui ont accepté que c'est le bien qui doit se faire, il récompense ceux qui ont vu comme Il voit, ceux qui ont accepté marcher selon le droit. Oui, leurs souffrances est certes leur allié, leur compagnon, et au moment venu, ils seront récompensés pour tout.

Voila donc que, Dieu Miséricordieux nous prive d'un tel fardeau (sa colère) par le sacrifice de la rédemption de Son fils Unique Jésus-Christ. Qui ne portera pas à plus forte raison le fardeau plus petit avec lequel on le laisse ? Celui qu'après que l'Homme glorieux laisse sa voiture climatisée et néglige ses bons vêtements pour prendre son lourd sac et le mettre sur ses épaules, et qui ne veut pas à plus forte raison, marcher avec crainte en portant son sac léger, lui est un ingrat. Ingrat, veux-tu

---

[43] *Ecclésiaste* 8.7.

qu'après avoir enduré tout cela pour toi, c'est cet homme qui doit encore venir porter ton léger sac, alors que tu peux le porter et marcher à sa suite ? En dépit de mettre ton sac léger sur tes épaules et marcher avec crainte à sa suite dans l'étonnement de ce bienfait qu'il fait en ta faveur, en dépit que tu négliges ta propre douleur sachant que tu la mérite, et même plus du double encore, pour compatir, pour craindre et consoler la douleur de celui qui porte ton fagot, tu resterais là pour qu'il revienne porter ce deuxième ? Non, il ne viendra plus, au contraire, s'il ne te voit pas à sa suite, s'il s'imagine que tu attends qu'il revienne encore porter ton fagot, non, il reviendra plutôt te remettre le premier, et secouera la poussière de ses pieds pour ne plus jamais venir te rendre visite. Tu auras donc à porter tes deux fagots qui te reviennent de droit, et tu sais bien que tu ne peux pas. Attends toi donc, et cela aura été la conséquence de ton ingratitude.

Pour vous exhorter très chers frères à prendre dans le bon sens les souffrances que vous endurés en Christ, ces souffrances sont notre petit fagot à mettre sur nos épaules, dans la crainte et le respect de Celui qui a porté pour nous celui qu'on ne pouvait et ne peux jamais porter. Oui, acceptons nos souffrances et supportons les avec endurance, c'est de cette manière que nous consolons le cœur de Jésus-Christ et pour cela Il supporte aussi notre charge sur Ses épaules, Il réserve une partie de Son précieux sang à notre faveur. Soyons donc violents pour être jugés dignes non pas de mériter car jamais on ne le méritera, même si on souffrait milles fois plus, mais d'avoir part à la récompense en laquelle espère ceux qui ont mis sur leurs épaules leurs croix pour marcher à la suite Jésus-Christ qui est Seul digne de nous ouvrir la porte du Royaume des cieux. Car, sortant des cieux, Il possède les clés pour repartir aux cieux, et si nous sommes à Sa suite, ouvrant la porte des cieux, Il ne la fermera pas derrière Lui, mais souffrira d'attendre qu'entrent tous et tous ceux qui sont derrière Lui, Il restera là jusqu'à se rendre compte qu'il n'y a personne qui L'a suivi sans entrer avec Lui, et Il entre. Vous le comprenez : Il a les clés des cieux, car c'est de là qu'Il vient, or en venant sur la terre chercher qui L'aime et qui aime la vérité, Il repart dans les cieux avec eux, Il les fait tous entrer car Il possède les clés, puis vérifie bien que toutes Ses brebis sont entrées, et ferme la porte : dehors tous les ingrats et ceux qui manquent de persévérance.

Je vous exhorte donc frères en outre de ne pas compter sur vos propres forces pour suivre Jésus et arriver à Lui, car tellement faibles que nous sommes, nous ne pouvons porter le lourd, et même le léger serait difficile. Comptons donc sur Celui, Jésus-Christ, qui est capable de susciter en nous toute endurance pour pouvoir arriver et entrer par la porte qu'Il est. Nous le savons : **si avec la permission du maitre de la maison, le fils sort de la maison pour aller visiter et chercher les serviteurs au champ pour qu'ils viennent prendre le diner et se reposer, il clame au champ et le suivent ceux qui entendent sa voix et croient en la véracité de ses paroles. Celui qui croit qu'il trompe ne l'écoutera pas, celui qui prend sa parole à la légère ne se mettra pas à sa suite. Et encore, n'arriverons et n'entrerons à la maison que ceux qui ont gardé la foi et la persévérance en chemin. Celui qui se fâche de l'avoir cru rebroussera le chemin, celui qui murmure contre lui se découragera, celui qui regrette lui non plus n'arrivera pas. Mais celui qui se fatigue, les frères le soulageront quitte à ce qu'ils se fatiguent eux aussi davantage pour le réconforter ; celui qui à soif, on se ménagera pour lui donner à boire, celui qui à faim mangera au moment de manger. Le chemin sera long, il fera chaud, mais tous ceux qui ont la foi au fils s'entraideront, le fils aussi qui déborde en pitié sacrifiera ce qui est à lui-même pour aider ceux qui croient en lui et le suivent : il cèdera sa propre monture à celui qui est fatigué et ira à pieds, il s'arrêtera sans s'impatienter pour qu'on ranime et pour que soufflent ceux qui sont épuisés ; il donnera son pain aux affamés et son eau aux assoiffés, il leur donnera du vin pour leur rendre vigueur et à l'arrivée, il ouvrira la porte, tous ses suivants entreront, il n'y aura pas un seul qui n'entrera pas, puis il fermera la porte car c'est à lui que le père a confié les clés, et ils demeureront tous ensemble : le père le fils et les bons serviteurs, dans le repos et l'abondance du père.**

Persévérez donc chers frères parce que nous entrerons à condition que nous ne soyons pas contestataires, le contestataire en effet renoncera à faire chemin. Nous entrerons à condition d'arriver, mais n'ayez crainte, car celui qui a des difficultés à arriver par sa propre force sera aidé par la force des autres, jusqu'à ce qu'il reprenne le chemin et poursuivre, oui, nous nous entraiderons, chacun selon ce qu'il a reçu et nous arriverons ensemble, nous tous qui partageons une foi sincère et véritable en Celui qui nous appelle. Donc, complétons-nous les uns les autres, et Dieu Lui-même nous aidera pour cela.

En fait, pour ceux qui ont eu l'amour de la vérité, leurs souffrances produit de la récompense parce qu'ils suivent Jésus-Christ qui est le Seul Chemin, étant le Seul qui possède les clés des cieux, étant le Seul qui vient des cieux. ne peut en effet posséder les clés d'une maison que celui qui vient de la maison, ne peut nous mener à la maison que celui qui connait le chemin qui mène à la maison, et encore pour ceci, il faut qu'il vienne de la maison, ou qu'on lui ai montré le chemin, qu'il connaisse les confidences, car jamais le maitre de la maison ne livrera le secret de sa maison a des bandits, des infidèles, de rebelles, des gens sur qui on ne peut compter, sinon à quelqu'un de sûr, quelqu'un qu'il connait avec certitude, à lui il peut livrer les secrets de sa maison. Et en fin, ne peut faire entrer dans la maison que celui qui possède les clés pour les ouvrir et les fermer, bien entendu que ne peuvent entrer que ceux qui sont arrivés à la porte. Souffrez donc de bon cœur, et appelez sans cesse Celui qui est capable d'augmenter votre foi, de vous soulager de vos fatigues, de combler votre faim et votre soif jusqu'à ce que vous arriviez. Plein de miséricorde et de pitié qu'Il est, Jésus-Christ, Lui qui connait la vie et la faiblesse des Hommes ayant expérimenté cela, Il vous suppléera et ne vous abandonnera jamais, tant que votre foi est intègre. En effet, celui qui n'a pas la foi, on ne l'abandonne pas, mais c'est lui qui rebrousse le chemin de son propre gré. Voilà même qu'on le convainc de ne pas rebrousser, mais lui se fâche davantage, et menace celui qui veut le sauver pour changer sa route plus rapidement. Et voilà qu'il s'est perdu, et voila que le serpent l'a mordu au talon, et voila que le loup l'a dépecé, et voila que ses os sont le butin des hyènes, et voilà qu'il est foulé au pied. Celui qui manque de foi en effet, n'est pas exclut, mais s'exclut lui-même, il se juge lui-même. Mais nous arriverons, nous qui avons la foi et comptons sur Jésus-Christ pour qu'Il augmente notre foi et chemine avec nous, car Il « *intercède pour nous* »[44].

Les origines de nos souffrances sont de trois ordres : nous souffrons en effet premièrement de la part du monde qui ne nous aime pas. Car voici que lorsque nous choisissons Jésus-Christ, le monde qui ne L'a pas aimé, ne nous aime pas non plus. Lui, qui n'a fait de tort à personne, mais a été maltraité, alors qu'Il ne répondait pas à l'insulte par l'insulte, et nous qui sommes attaqués de tous cotés par la faiblesse ? Car bien de fois nous sommes méprisés à raison, à cause de nos offenses. Donc, le monde nous haï, parce qu'étant mauvais, il n'aime pas le bien, ce minime que nous essayons de faire, il ne l'accueille pas. Et, puisque le monde ne veut pas changer sa mauvaise conduite, voila qu'il nous persécute de peur que par nos efforts, nous ramenons ses enfants, nous fragilisons son empire ? Voila pourquoi il n'a pas pitié pour nous, mais espère plutôt que ne supportant pas l'outrage et la persécution, nous renonçons à ce qui est bon pour plutôt venir fortifier ses rangs. Voila ce que le monde Lui a réservé, leur a réservé, nous réserve et vous réservera : c'est valable pour tous, en toute époque.

Aussi, nous souffrons de la part de nous-mêmes car dans nos faiblesses, nous sommes parfois amenés à nous révolter contre nos frères, à les offenser, et si ceux qu'on offense sont aussi faibles comme nous, ils ne nous pardonnent pas, ils nous rendent par l'offense, voila pourquoi quand nous nous abandonnons à la faiblesse, nous nous cognons les têtes. Mais le SEIGNEUR qui regarde notre cœur nous perfectionnera et nous serons plus forts pour supporter sans rancune ni vengeance l'offense de notre frère et nous lui pardonnerons autant qu'il nous offensera.

---

[44] *Romains* 8.34.

Enfin, le Dieu qui a le projet d'amener notre foi à la perfection, nous met de temps en temps à l'épreuve, avec bonté, et ça pour voir le niveau où nous en sommes, et quel niveau de confiance Il peut nous accorder, voila comment nous souffrons aussi de la part de notre SEIGNEUR, pour notre perfectionnement, et Il ne se reposera pas tant qu'Il n'aura pas amené notre foi à grandir et à faire de nous des Hommes dignes : à Lui la Louange, l'Honneur, l'Adoration, la Grandeur, la Gloire pour tous les siècles sans fin, Amen.

Après nous avoir fait grandir, en Homme spirituel comme en œuvres que nous faisons, ces fruits que nous amassons pour la vie éternelle, Dieu nous délivrera de tout mal et nous reposera pour nous relever afin de recevoir la récompense des saints. Il est en effet écrit : « *Heureux dès à présent ceux qui sont morts dans le Seigneur. Oui dit l'esprit, qu'ils se reposent de leurs labeurs car leurs œuvres les suivent.*»[45] Supportons donc toutes souffrances que nous endurons en Christ. Dieu Lui-même a l'œil sur nous pour nous grandir et nous sauver par la suite. Ne voyons donc pas la mort comme une perte, un désastre mais plutôt une victoire. Car après avoir fait les quelques modestes œuvres que la grâce qui est avec nous nous donne de faire, Dieu Lui-même nous affranchira de ce monde mauvais, indigne qu'on y reste pour nous reposer dans l'attente du monde auquel Il nous appelle, le plus digne des mondes. Cependant, ne courrons pas après la mort puisqu'il faut porter du fruit, c'est Lui-même qui arbitrera de l'état où nous sommes pour décider de nous laisser vivre ou de nous enlever, selon le fruit que nous avons porté, selon la grâce qu'Il nous a donné et qui travaille pour nous.

Tout à Dieu : confiance.

---

[45] *Apocalypse* 14.13.

Sur la Purete

Ceci ne s'adresse pas seulement à vous enfants de Dieu, mais c'est une chose que je tire du monde pour vous mettre en garde. Soyez purs comme notre Père est Pur. S'adressant à nous, il dit en effet : « *Soyez saints car je suis saint.* »[46] Ne marchons pas à la manière du monde, car le monde se précipite dans un précipice, le monde va à sa perte. Mais abstenons-nous de ce qui dans le monde offense Dieu. Nous voyons l'état du monde aujourd'hui, et il ira de mal en pire. De nos jours, la loi des Hommes a prit le dessus sur la loi de Dieu, de nos jours, Dieu est rare dans le cœur des Hommes, et même bien d'entre ceux qui prononcent son nom de bouche, les cœurs sont loin de Lui, très loin. Les Hommes de nos jours ne servent pas Dieu, mais servent le dieu qu'ils veulent servir, ils adaptent Dieu à leurs désirs et non qu'ils s'adaptent aux désirs de Dieu. Ils créent l'évangile qu'ils veulent écouter et non de chercher La Pureté qui est la Parole de Dieu, ils préfèrent, puisque vivre sans espérance leur sera difficile, se mentir à eux-mêmes qu'ils servent Dieu, alors qu'ils sont trop loin de là. Oui, les Hommes chantent des cantiques, mais face à leurs prochains : déluge de calomnies ; adorent en paroles, et méprisent ceux dont ils ont la charge, etc. L'écriture l'annonçait, vous le savez maintenant. Ne les imitez donc pas, **alerte crédulité** ! Je dis bien **alerte contre la crédulité en ces jours**, car le monde pourrit. Soyez très lents à croire ce que l'Homme vous dit, très lents pourtant à le contredire car l'objectif n'est pas de présenter sa connaissance mais d'avoir la vérité et de la partager convenablement, soyez plutôt très prompts à vous remettre à Dieu «*qui donne* [la sagesse] *à tous avec simplicité et sans faire de reproche.*»[47] Voila que j'écris ce livre, mais est-ce que je pense qu'il ramènerait le monde ? Non, il ramènera ceux (enfants de Dieu) dont Dieu lui a donné de ramener. Le monde n'en fera pas cas, le haïra. Un bon cœur est attiré vers ce qui est bien, un mauvais cœur, vers ce qui est mal. Lorsqu'un mauvais cœur est face à ce qui est bien, il est mal à l'aise ; s'il a gouté, il vomi ; s'il a commencé, il se décourage et rebrousse le chemin ; s'il a cru ; il

---

[46] *Lévitique* 19.2.
[47] *Jacques* 1.5.

oublie, et va vers son lot, vers ce que son cœur chéri : le mal. Il en est différent pour vous.

Maintenons-nous donc dans un état de pureté, faisons les efforts pour l'accentuer, si nous sommes tombés, relevons nous car qui ne tombe pas ? L'important en effet est de se relever. Ne vivons pas selon le monde. Souvenez-vous qu'un premier geste qu'a fait les frères après être revêtus de puissance et avoir grossi leurs rangs est le rassemblement : ceci aussi pour vivre selon la voie de Dieu qui est au milieu d'eux, et non que par la dispersion ils se laissent flatter par le monde et sombrent à cause de la chute. Disparaîtrons-nous du monde ? Non, mais Il nous préservera du mauvais[48]. La débauche, l'irresponsabilité, le loisir à outrance, la fornication et plus généralement l'immoralité sexuelle, l'ivresse de vin, l'impudicité, la profanation de son corps, l'oisiveté et autres, le désordre conjugal, sont les fruits que portent ceux qui choisissent vivre dans l'impureté et laissent de coté la pureté. Comment l'Esprit-Saint sera-t-Il à l'intérieur d'un fêtard, celui dont son coin est le bar, la discothèque ? Comment celui-là sera-t-il responsable de sa maisonnée, lorsqu'à peine peut-il rentrer sans être ivre ? Encore que même dans le cas où il ne l'est pas, il n'est plus normal puisque son ivresse est chronique, c'est l'ivresse de l'esprit. Comment sera-t-il pur, celui qui passe son temps dans le loisir ou dans l'oisiveté ? Lui dont le coin est le lieu de rassemblement entre amis où on commente jusque tard dans la nuit, ou la maison de la voisine où on calomnie tel ou telle ? Ne dit-on pas que *l'oisiveté est la mère du vice* ? Ou sera-t-il pur celui qui fait des va et viens dans sa chambre avec des femmes qui ne sont pas les siennes, ou celle qui rôde avec un homme qui n'est pas son époux ? L'adultère sera-t-il exempt de fautes ? Ne trouvera-t-on point à reprocher à celui qui regarde la pornographie ou qui se donne du plaisir lui-même, profanant ainsi sa conscience ? Sera-t-il beau aux yeux de son Créateur, celui qui martyrise son corps par le maquillage et appelle les démons par ses tatouages ? Sera-t-elle honorée celle dont ses trois enfants ont trois pères

---

[48] *Jean* 17.15.

différents, sa conscience lui donnera-t-elle le repos ? N'avez-vous pas lu que : « *les enfants nés de sommeils coupables témoignent, lors de l'enquête, de la perversité des parents.*»[49] Que dire de celui qui a le même nombre d'enfants pour différentes mères, dira-t-on : « voilà la belle famille » ? Ignorez vous que celui qui a des enfants qui n'ont pas le même père ou la même mère a déjà mis par eux le cachet de son impudicité, et que ce cachet sera neuf même dans des années à venir. Pour d'autres en effet, cela peut rester cacher, mais celui qui met au monde des enfants avec parents différents scelle son immoralité et la présente aux yeux du monde, et en plus, il ne donne pas du repos à cet enfant, ce bâtard, qui n'a pourtant pas demandé à naitre, voilà les fruits du monde dont je vous demande de vous en écarter. Et je vais donc vous dire ce qu'est un véritable enfant aux yeux de Dieu, celui qui est un enfant parfait c'est lui : les parents se marient convenablement, étant les deux vierges, ils procréent, ils ne commettent jamais l'adultère, et ils meurent l'un et l'autre en laissant leur heureuse descendance, aux yeux de Dieu, voilà des vrais enfants. Mais de nos jours, combien en sont encore ? C'est en effet la bâtardise. Les enfants sont bâtards en montant et en descendant, aller et retour, c'est dommage ! Combien de vrais enfants on a aujourd'hui ? Les enfants naissent en effet de parents fornicateurs, adultères, ayant des enfants hors union, et après l'union, hors couple, et une folie visible est que parfois même au moment du mariage, au moins un parent a déjà un enfant. Pensez-vous que ce couple se donne ainsi des arguments pour la stabilité ? Il va vers une instabilité forte, car comme je l'ai dit, l'enfant est un cachet. Si on l'a obtenu d'une mauvaise manière, il est comme un document secret découvert, or on est plus dérangé par un document secret quand il est découvert que lorsqu'il est ignoré. L'enfant bâtard est le cachet de l'impiété du parent.

Supportons l'abstinence, supportons de nous priver de plaisirs, de rester sur notre faim de désirs pour notre propre bien en effet il est écrit que : « *Le sot donne libre cours à toutes ses passions, mais le sage, en les retenant, les apaise.*»[50] Dieu

---

[49] *Sagesse* 4.6.
[50] *Proverbes* 29.11.

nous met dans l'abstinence pour notre éducation, et l'éducation est une bonne chose. Il y a en effet des plaisirs par lesquels on profite pour quelques minutes, quelques heures, mais les souffrances qui proviendront de ce petit temps nous poursuivrons même lorsqu'on dira nos dernières paroles, au jour de notre mort. Vous voyez qu'une telle chose n'est pas un plaisir, mais un piège. C'est comme ça le péché, il n'est pas plaisir, mais piège. Des Hommes pour le plaisir ont eu à faire ce qui est mal, mais voilà que lorsqu'ils ont commencé à se soucier de leurs âmes et voulu abandonner le mal, ils ont eu de sérieux problèmes, d'autres même n'ont pas pu, sont mort sans gagner le combat, le péché est un piège rusé, tellement rusé. Il y a ceux qui ont pris une tige de cigarette pour se faire grands, mais sont morts petits, tellement ils n'ont pas pu la déposer, jusqu'à la mort. D'autres ont aimé le sexe pour se donner un bon moment, mais sont morts dans de mauvais moments parce qu'ils sont sortis lourdement entachés. Des Hommes ont jugé que ce n'est d'aucun effort de soulever une bière, mais leurs gros efforts pour la déposer se sont avérés inutiles. A bon entendeur, réussite.

Pour terminer cet enseignement, je reprends ce que Dieu dit par la main de son serviteur Paul : « *On les connaît, les œuvres de la chair : libertinage, impureté, débauche, idolâtrie, magie, haines, discorde, jalousie, emportements, rivalités, dissensions, factions, envie, beuveries, ripailles et autres choses semblables ; leurs auteurs, je vous en préviens, comme je l'ai déjà dit, n'hériteront pas du Royaume de Dieu.*»[51] Et, par la main de Jean, Dieu écrit : « *Quant aux lâches, aux infidèles, aux dépravés, aux meurtriers, aux impudiques, aux magiciens, aux idolâtres, et à tous les menteurs, leur part se trouve dans l'étang embrasé de feu et de soufre, c'est la seconde mort.*»[52]

---

[51] *Galates* 5.19-21.
[52] *Apocalypse* 21.8.

Nous ne sommes pas seuls

L'Homme a-t-il déjà été seul ? L'Homme à t-il déjà été lésé ? A-t-on demandé sans recevoir ? A-t-on frappé sans qu'on nous ouvre ? A-t-on cherché, voulu sans trouver ? Dieu serait-Il injuste ? Refuserait-Il le bien à celui qui le veut ? Refuserait-Il le Salut à celui qui le cherche ? Non. Nous aujourd'hui, je parle de ceux de mon époque et des postérieurs jusqu'à la fin du monde, ne sommes pas seuls, comme de part le passé, les anciens n'ont pas errés seuls, et même depuis Adam. Dieu ne lèse personne, c'est l'Homme qui se perd de son propre gré, car Dieu a adopté un plan de bienveillance même pour les sans lois. En effet, avant Moïse, Dieu guidait les Hommes, les enseignaient à faire Sa volonté, mettait auprès d'eux des guides pour les inviter au bon Chemin et les enseigner ce qui est bien. Il envoyait Ses serviteurs avertir les méchants pour le repentir, mais comme aujourd'hui, ce sont toujours les Hommes qui refusent la Voie du SEIGNEUR. Avec Moïse, Il a donné une Loi pour guider le peuple qu'Il s'est choisi, et elle devait avoir pour terme les temps messianiques. Comme à l'accoutumé, ce sont toujours les Hommes qui ont transgressé la Loi, l'ont jeté aux orties, et ont choisi marcher selon leur propre volonté. Et dans cette époque, même les peuples des nations n'ont pas été lésés car il y avait les prosélytes, et il est écrit : « *Tous ceux qui ont péché sans la loi périront aussi sans la loi ; tous ceux qui ont péché sous le régime de la loi seront jugés par la loi. Ce ne sont pas en effet ceux qui écoutent la loi qui sont justes devant Dieu ; ceux-là seront justifiés qui la mettent en pratique. Quand des païens, sans avoir la loi, font naturellement ce qu'ordonne la loi, ils se tiennent lieu de loi à eux-mêmes, eux qui n'ont pas la loi. Ils montrent que l'œuvre voulue par la loi est inscrite dans leur cœur ; leur conscience en témoigne également ainsi que leurs jugements intérieurs qui tour à tour les accusent et les défendent.* »[53] C'est Dieu qui dit cela, en se servant de la main de Son serviteur. Donc, Dieu nous enseigne donc qu'il y a un plan de miséricorde pour les nations, qui n'ont pas eu la Loi, ils seront jugés d'après leurs

---

[53] *Romains* 2.12-16.

œuvres. Et au temps messianique, notre Loi était Jésus. Dans ce court instant sur terre dans Son ministère, notre Loi était Lui. Voilà maintenant que nous comptons quasi deux millénaires que le Seigneur a quitté la terre à la manière dont Il est venu. Quelle est notre Loi, comment doit-on faire ? Avons-nous été lésés ? Certainement pas. Notre loi c'est toujours ce même jésus, mais sous une autre forme : l'Esprit-Saint. Si nous écoutions Jésus dans la chair et par des paroles humaines, ce même Jésus nous parle maintenant dans Son Temple qu'est notre cœur. Il nous parle mille fois mieux que ce qu'Il faisait avant. Car pour écouter le Seigneur nous devions nous rendre dans les rues de Jérusalem ou de Galilée ou de Samarie et autres. Qui a de l'argent pour le transport ? Oui, même au temps des juifs, pour avoir la Parole de Dieu, pour consulter le SEIGNEUR, l'excellence était de se rendre à Jérusalem. Dans ce cas, pourquoi sommes-nous pauvres ? Maintenant, le SEIGNEUR est plus proche de nous que jamais, Il est dans notre cœur, Il inspire nos actes, même les moindres, le SEIGNEUR guide nos vies. Voilà notre Loi : Son Esprit qui est en nous. Plus nous agissons par Lui, plus nous en sommes possédés, plus on Lui obéi, plus on se rapproche de la perfection, plus on se sanctifie. La loi c'est l'Esprit-Saint, assimilez cela, notamment pour ne pas tomber dans les impiétés apparemment angéliques des faux serviteurs de Dieu, qui inventent des choses apparemment bonnes, pour vous séduire et vous faire croire que vous êtes dans la vérité alors que vous n'en êtes pas. Si quelqu'un vous enseigne une autre loi que l'Esprit-Saint, méfiez vous de lui et ne le croyez pas. Et cet Esprit-Saint doit être en vous. Pour vous confirmer ce que je dis, je vous cite l'écriture où le Seigneur dit : « *Si vous m'aimez, vous vous appliquerez à observer mes commandements ; moi, je prierai le Père il vous donnera un autre Paraclet qui restera avec vous pour toujours. C'est lui l'esprit de Vérité, celui que le monde n'est pas capable d'accueillir parce qu'il ne le voit pas et qu'il ne le connait pas. Vous, vous le connaissez parce qu'il demeure auprès de vous et il est en vous.*»[54] C'est donc cet Esprit qui nous donne de connaitre toutes choses que Dieu Lui a confié de nous faire connaitre, aussi nous donne d'assimiler les Ecritures et les paroles de

---

[54] *Jean* 14.15.17.

Ses serviteurs, et de ne pas croire au faux, aux paroles des *mercenaires*, de vous soustraire de ce qui est mauvais et qui mène à l'égarement.

Nous ne sommes donc pas seuls, nous avons le Meilleur Ami, le Meilleur Conseiller, le Meilleur Enseignant, le Meilleur Compagnon, Il ne nous lâche pas : même dans notre sommeil Il nous parle, dans l'angoisse et la détresse Il nous console, dans la joie Il se réjouit avec nous, dans l'œuvre Il nous encourage, aux toilettes Il ne nous lâche pas. Il est plus proche que n'importe quel Homme, n'importe quelle épouse, Il est plus fidèle que tous, Il est en nous, Il nous parle, nous entendons Sa voix, Il nous défend contre les adversaires, en les confondant en montant et en descendant, Il nous rend proche de Dieu, parce qu'Il nous guide à faire et à connaitre : l'Esprit-Saint, c'est Lui la loi. Et celui qui a l'Esprit-Saint a le Fils, et quiconque a le Fils a aussi le Père. Celui qui a l'Esprit-Saint a donc le Père et le Fils. Il est donc émondé et porte du fruit en abondance ; grande sera sa récompense.

Remettons-nous donc à l'Esprit-Saint, qu'Il nous possède en entier car lorsqu'on est possédé par Lui, Dieu nous aime, alors que refuser d'être possédé par Lui c'est appeler les démons, et celui qui a le démon porte de mauvais fruits. Faisons donc route avec Lui et écoutons-Le. Nous souffrirons beaucoup, étonnement même, mais Il nous sortira de tout cela. Ne restez pas dans l'ignorance, mieux vaux accepter la vérité en face, agir selon elle et gagner la récompense qu'elle donne, que de la refuser, et lorsqu'elle nous rattrapera, il nous faudra recommencer à zéro. **Le mensonge, par orgueil s'est tourné et a vu la vérité, il a fait quelques pas en avant et l'a vu toujours en arrière, il a couru un peu et se tournant, l'a encore vu derrière, elle n'avait pas bougée. Il s'est donc réjouit, et avec l'intention de vouloir la devancer, se prévaloir d'elle, il a entamé une course folle, est allé si vite, a parcouru villes et villages, mers et continents, est tombé ; s'est donné des souffrances ; étant épuisé à fond, c'est là qu'il a constaté que la vérité ne bougeait pas parce qu'elle est en effet en tout, et qu'elle est le tout, devant lui et derrière lui. La vérité rattrape toujours parce qu'elle ne cours pas mais elle Est.**

La vie terrestre est dure, la vie comporte beaucoup de temps de souffrances, et c'est valable pour tous. N'avez-vous pas eu le récit des Hommes terribles, des grands devant Dieu. Malgré toutes les bénédictions en leur faveur, ils ont passé des temps difficiles, même dans leur vieillesse. Que dire de Jacob qui, dialoguant avec le Pharaon dit : « *La durée de mes migrations a été de cent trente ans ! répondit Jacob. Ce fut un temps bref et mauvais que les années de ma vie.*»[55] Son cas est-il isolé ? Non. Que dire d'Abraham, qui dans une noble vieillesse devait encore souffrir du manque de descendance ? D'Isaac ? De Moïse : après quarante années de travail, il devait supporter ne pas voir la terre pour laquelle il a escorté le peuple. De Samson, qui meurt prisonnier. De Samuel, qui a travaillé dans la douleur, jusqu'aux cheveux blancs. De David, qui étant roi a souffert comme un Homme de rien. De Salomon, qui après avoir vu toute la sagesse a transgressé contre la sagesse et a souffert de cela. Des prophètes : Elisée ; qui après avoir guéri tellement de maladies, même des eaux, meurt de suite de maladie ; Ésaïe, Jérémie, Ezéchiel, Tobit : persécutés, haïs, délaissés, négligés. Jean : martyrisé. Pierre, Paul et les apôtres : torturés, même dans leur vieillesse. Qu'en est-il des autres ? C'est la même chose. Pour dire que même les grands devant Dieu, malgré les bons jours que Dieu leur a donné, il y a eu des foules de mauvais jours. Ils ont en effet été les amis de la prison, les victimes de l'épée, ceux qu'on s'occupe à calomnier, à mépriser, ceux qu'on aime haïr. Dieu était-Il incapable de faire d'eux des princes ayant leurs demeures dans les nuages et qui ne souffrent jamais de rien ? Non. Mais pourquoi ces choses ? Parce que la vie terrestre, c'est l'épreuve, l'enseignement ; le repos c'est la mort, et la vrai vie, la Vie, la récompense, c'est le Royaume des cieux. C'est pour ça que tous ont travaillé, c'est pour ça que nous travaillons. Salomon dit : « *C'est une occupation de malheur que Dieu a donné aux fils d'Adam pour qu'ils s'y appliquent.*»[56] Ben Sira ajoute à propos d'elle (la souffrance) : «*De grands tracas ont été crées pour tout homme ... Pour tout*

---

[55] *Genèse* 47.9.
[56] *Ecclésiaste* 1.13.

être de chair de l'homme à la bête et pour les pécheurs sept fois plus.»[57] Pensez-vous que l'œuvre que fait Dieu c'est d'attendre de voir nos belles maisons, nos gratte-ciels, nos ponts, nos avions supersoniques, nos technologies ? Si c'était le travail des Hommes que Dieu attendait de voir, pourquoi attendrait-Il si longtemps ? Pourquoi accepterait-Il les souffrances, les détresses, les fatigues même de Ses élus, ces choses auxquelles ils font face sous le soleil dans leurs ouvrages. Si Dieu faisait lever Son soleil pour que le monde se « développe », pourquoi mettrait-Il tout ce temps pour des choses qu'Il peut faire beaucoup plus mieux et plus promptement que les Hommes. Quelle maison en or Dieu ne peut en effet construire ? Dieu a-t-Il besoin combien de temps pour transformer cette planète en Paradis? Regardez l'état de la terre depuis Adam jusqu'à maintenant, regardez la quantité de temps qui est passé, regardez où on en est avec le travail des Hommes. A-t-on avancé tant que ça ? Non ; sur bien de plans on régresse plutôt. Dieu n'attends donc pas de voir les travaux des Hommes, ceux auxquelles ils s'affairent sous le soleil, cela c'est pour les occuper, dans leur avantage parce que par ça ils peuvent gagner leur pain et survivre. Dieu attends de voir Son plan se réaliser, jusqu'à l'accomplissement, et Son plan est par rapport aux œuvres de justice et d'injustice. De telle manière que les justes doivent vivre avec Lui et c'est là qu'on dira : « JOUISSANCE », et les méchants, loin de Sa face. Le travail est même quelque part stupide, car aujourd'hui on bâtît, et demain, on casse. Celui qui bâtit est payé, celui qui démolit est payé. On casse la pierre pour faire du gravier, donc on paye l'Homme pour qu'il transforme ce qui est bon en ce qui l'est moins car, la pierre est déjà meilleure pour la construction, et en gravier, elle est moins efficace. **Le travail est comparable à un homme qui voulant occuper son fils lui dit le premier jour : « porte cette pierre de ce point "A" pour ce point "B" ». Et il le gratifie lorsque cela est fait. Et le lendemain il lui dit : « Porte cette pierre du point "B" pour le point "A" » ; et il le gratifie encore, et ainsi de suite : du point "A" au point "B", du point "B", au point "A".** Qu'est-ce que l'enfant fait donc pendant ses jours ? Il s'occupe, autrement, c'est stupide. Il en est ainsi du travail

---

[57] *Siracide* 40.1, 8.

de l'Homme. Mais comprenez ce que je dis sagement et non passionnément. En fait, Dieu peut nous donner à manger sans qu'on ne travaille, ne souffre. Que donc vos souffrances ne vous trompent pas en vous faisant douter sur la Bonté puissante de Dieu. Mais Dieu a choisi cette voie là pour nous occuper, et pour que nous portons aussi notre joug par la souffrance, pour notre éducation. Sur cette terre, Dieu nous enseigne, chacun à son tour, de génération en génération. Et quand Il aura fini d'enseigner tout le monde, selon l'arrêt de Sa prescience, ce monde ne sera plus d'actualité. Si en effet nous n'avions que connu la vie paradisiaque, nous aurions vécu l'existence autrement, partiellement. Dieu nous donne, récompensant ainsi nos souffrances, de connaitre par notre vie qui est infinie, l'existence pleinement. Comprenne qui doit comprendre. Qui n'oserait donc dire : « Dieu est Bon » ? Ce serait la mauvaise foi ou l'ignorance. En effet, que vaut cette vie difficile par rapport à la vie éternelle ? On m'a enseigné que tout temps fini, quantifié, par rapport à l'infinité, est infinitésimal c'est-à-dire proche de zéro, proche de la nullité. Donc notre souffrance est presque nulle, ne vaut presque rien par rapport à notre gloire. Et Si Dieu a choisi nous faire connaitre les deux, mais en nous occupant plus dans la gloire, c'est mal ? N'est-ce pas le reflet même de la Bonté, car tout en nous faisant connaitre tout, il accorde la meilleure place au bien et termine par lui pour l'éternité. Cette forme n'est-elle pas un témoignage assez révélateur ? Cette logique ne trahit-elle pas la bonté de Celui qu'on appelle « Abba, Père » ? Les Hommes peuvent dire : « la vie est longue et difficile ». Je le comprends car le temps passe plus lentement pour celui qui souffre, alors que pour celui qui jouit, le temps passe vite. Lorsqu'on juge la vie longue, c'est parfois qu'on souffre, si on était dans de bons moments ce ne serait pas le cas. Longue ou courte ? Ce n'est pas pertinent. Mais plutôt, vous avez quel âge ? Regardez ce que vous avez enduré dans les années passées, dans le temps d'avant ; aussi dur puisse t-il être, aujourd'hui c'est comme si vous n'en avez pas vécu, parfois même c'est déjà oublié. Les douleurs sont dures, mais elles se cicatrisent aussi. Il en sera ainsi à votre dernier jour, vous verrez toutes vos anciennes années comme si vous ne les avez pas vécues, très brèves, vous auriez même envie de ne pas quitter, il en sera ainsi quand vous serez morts, c'est comme si vous n'aviez jamais existé. Il ne restera que la récompense pour ceux qui ont accepté la vérité en face, ont accepté prendre leurs croix, qui est se charger de leurs fardeaux, les ont porté dans la crainte et le respect, ont enduré, ont accepté les pleurs, les moqueries, les persécutions et les haines à leur encontre. Pour eux il ne restera plus que la récompense, plus aucun cri, plus de pleurs, dehors la souffrance, plus de deuil car la mort et l'Hadès seront « *précipités dans l'étang de feu.* »[58] Prenons donc sur nous le Joug du Christ car il est doux et nous trouverons en Lui le repos de nos âmes : « *oui, mon joug est facile à porter et mon fardeau léger* »[59] nous rassure t-Il. Alors que ceux qui ne veulent pas voir la vérité en face et l'accepter avec humilité de cœur, soit ils périront, et si au moment où ils commencent à se soucier de leurs âmes leur vient au cœur de choisir la vérité, ils devront reprendre a zéro, commencer ce qu'ils pouvaient plutôt être entrain de finir, et ils seront découragés de ça, et une fois de plus seront partis pour périr, par eux-mêmes à cause du refus de la vérité, or la vérité sauve. Les Hommes aiment fuir la souffrance, mais par cela ils se révèlent donc complètement insensés. Ne savez-vous pas qu'en fuyant la souffrance (légitime) vous vous y enfoncerez plutôt davantage ? Des gens ont cherché dans leurs vies de tous leurs membres à éviter la souffrance, mais c'est pour cette raison qu'ils sont sortis les plus souffreteux. La vérité sauve, j'arrête donc sur ce sujet en vous demandant de bien comprendre ces choses. La fin est proche c'est pour cela que je vous donne de connaître ces choses.

LA VRAIE CAUSE DE CHUTE

Puisque c'est le mal qui empêche la maturité spirituelle, et que c'est lui qui condamne ses adeptes, et que c'est à cause de quelque chose qu'on pèche, j'ai trouvé bon de vous entretenir sur la chute. Pour vous dire que, la vraie cause de chute d'un Homme c'est lui-même, c'est sa faiblesse. Le Seigneur a dit : « *Mais quiconque*

---

[58] *Apocalypse* 20.14.
[59] *Matthieu* 11.30.

entraîne la chute d'un seul de ces petits qui croient en moi, il est préférable pour lui qu'on lui attache au cou une grosse meule et qu'on le précipite dans l'abîme de la mer. Malheureux le monde qui cause tant de chutes ! Certes il est nécessaire qu'il y en ait, mais malheureux l'homme par qui la chute arrive !» [60] Est-ce pour nous que le Seigneur a dit cela ? Non, mais pour eux. Ou devons-nous dire : « Je suis resté pécheur parce que tel a causé ma chute » ? Ou encore devons-nous nous contenter de la colère de Dieu et se consoler de ce que celui qui a causé notre chute l'a reçu aussi ? Certainement pas. Ce sont eux que le Seigneur met en garde. Quand bien même ils voudraient causer notre chute jusqu'à l'extrême, à nous aussi de travailler jusqu'à l'extrême pour ne pas tomber dans leurs filets. Donc, nous, travaillons à ne pas tomber, prenons le mal qu'ils nous font comme bien tout en étant irréprochables à leur égard, en ceci que nous travaillerons à nous fortifier, à surmonter ce avec quoi ils nous tentent. Le monde aujourd'hui est un monde de chute, juste l'habillement des gens est assez révélateur à ce sujet, et ça ira de mal en pire. Le monde est-il loin de Sodome ? Quelle est l'œuvre que Satan cherche à réaliser ? Je vous mets en garde. De peur que, sombrant dans l'imitation, sans savoir qui est la tête et ou elle se dirige, vous vous comportez en moutons qui se dirigent vers un précipice. La tentation aujourd'hui est de taille. Bien de choses sont établies dans l'optique de débarrasser l'esprit des Hommes de la foi, de les éloigner d'une vie qui plaît à Dieu, et les Hommes tombent dans ce piège parfois sans le savoir, ils accueillent ceux qui se payent leurs têtes en héros. Mais ce qui me console aussi est que je sais que tous ceux qui ne sont pas des leurs -je parle des perdus-, sortiront de leurs rangs car nous les attendons. Finissez et venez, c'est vous qu'on attend. Car dès que le temps sera consommé, Dieu commencera son œuvre et chacun récoltera selon ce qui lui est destiné : « *A la mort, qui est pour la mort ! A l'épée, qui est pour l'épée ! A la famine, qui est pour la famine ! A la déportation, qui est pour la déportation !»*[61] Nous, faisons les efforts pour mieux nous éloigner d'eux, pour les ressembler au minimum.

---

[60] *Matthieu 18.6-7.*
[61] *Jérémie 15.2.*

Car le mal présent devant quelqu'un est ce qui doit contribuer à ce qu'il s'en écarte plus. Bien différent de ce que l'abondance des impies et de leurs impiétés doit causer que nous nous tolérons nos ¨petits¨ maux ou péchés, qui est ce que Satan essaye de nous faire croire souvent pour qu'on lui ouvre une brèche et qu'il nous rende pire qu'eux ; c'est même parce qu'on vit avec des pécheurs, des grands impies, qu'on doit faire des efforts pour devenir plus justes, pour s'éloigner d'eux au maximum, pour qu'il y ait une différence maximale entre eux et nous, et le jugement de Dieu sera donc sans appel. Car si nous critiquons les autres pour ce que nous faisons aussi, quelle crédibilité aurons-nous ? Ou devons-nous nous excuser de ce que nous ne fassions pas ce qu'ils font, mais autre chose qui est pourtant de la même nature ? Le mal c'est le mal, à quel niveau mesurer ? Le grand mal est solidaire du petit, quoi dire ? « *Qui vole un œuf volera un bœuf* », pourquoi en débattre ? Eloignons-nous simplement d'eux, « *que l'injuste commette encore l'injustice et que l'impur vive encore dans l'impureté, mais que le juste pratique encore la justice et que le saint se sanctifie encore.* »[62]

Donc, travaillons pour notre perfectionnement par rapport à la chute que nous cause le monde, ses adeptes, et parfois même les frères dans leurs états d'ignorance ou de faiblesse. Pour ces derniers, nous les pardonnerons et Dieu leur pardonnera. Tandis que les impies, puisqu'ils ont refusé de se pardonner eux-mêmes en continuant et persistant dans le mal, l'ingratitude, les blasphèmes, la ruse, la recherche du profit et leurs autres fruits amères à une bouche saine, puisqu'ils ont accepté préférer les ordures à l'or de choix, puisque lorsqu'ils commettent une injustice, ils se la pardonnent mais lorsqu'ils en sont victimes, ils ne pardonnent pas le coupable, témoignant par cela qu'ils savent que c'est le droit qui doit se faire, mais qu'ils ont choisi l'injustice et qu'ils savent qu'elle est mauvaise ; puisqu'ils ont recouru au droit lorsqu'ils ont été des victimes, mais coupables, il rejettent le droit ; puisqu'ils ont maudit celui qui leur voulait du bien et n'ont pas reconnu Celui qui a

---

[62] *Apocalypse* 22.11.

voulu leur sauver avec tant de dévouement, ils seront donc jugés selon le jugement qu'ils ont fixé eux-mêmes, car vous voyez bien que ce sont eux-mêmes qui fixent leur jugement. Ils insultent en effet la miséricorde, elle s'éloignera donc d'eux. Mais nous aussi devons faire des efforts car le temps est proche, n'acceptons pas périr parce que celui qui a causé notre chute périra aussi, est-ce une consolation ? Devons-nous nous couper un bras, et que lorsqu'on se moque de nous qui sommes manchots, nous montrons celui qui a les deux bras coupés et est complètement handicapé en se moquant de lui aussi, est-ce là un motif de fierté, de montrer celui qui souffre plus que nous ? Que dire alors de celui qui a ses deux bras ? Lui aussi nous montrera du doigt comme quelqu'un dont il faut se moquer et nous serons blessés. Les causes de chutes périront, le Seigneur a été très clair à ce sujet, mais ne nous laissons pas entrainer par eux pour périr avec eux, car celui qui n'a pas d'endurance et rebrousse le chemin périra aussi. Que le SEIGNEUR veuille sur nous et nous perfectionne pour nous mener à la vie éternelle, je suis convaincu qu'Il le fera ; ne manquons donc pas de persévérance, courage frères !

L'OBEISSANCE DUE A UN PERE

Pour vous inviter chers enfants de Dieu à vivre dans l'obéissance à votre seul Père qui est Dieu. En effet nous n'en avons « *qu'un seul : le Père céleste.* »[63] Dans mes méditations, je me suis rendu compte que lorsque nous sommes immatures et que nous écoutons la Parole du Père, elle nous semble difficile à obéir, on a parfois tendance à vouloir contester, comme les enfants de Dieu qui disaient : « *la façon d'agir du Seigneur n'est pas correcte !* »[64] Mais leur Père leur répondait : « *Est-ce ma façon d'agir qui n'est pas correcte ? Ce sont vos façons d'agir qui ne sont pas* correctes. »[65] En fait, Tout ce que le SEIGNEUR fait est correct, mais c'est notre faible compréhension qui cause que parfois nous ne prenons pas plaisir à l'obéissance

---

[63] *Matthieu* 23.9.
[64] *Ézéchiel* 18.25.
[65] *Id.*

de la Parole. Mais lorsqu'on devient mature, on se demande plutôt comment est-ce que ça ne doit pas être ça ; on comprend au point de se demander s'il y a moyen que la loi, la justice soient autre chose que ce qu'à dit Dieu, car nous mêmes comprenons le sens, le pourquoi ci ou ça est dit. Je vous invite donc à accepter la Parole de Dieu, aussi dure pour vous soit-elle, acceptez la, pratiquez la, soyez éloignés de la contestation, demandez plutôt au SEIGNEUR de vous donner la force de marcher selon le droit, Il vous en donnera et vous le fera comprendre, et ce sera maintenant très facile pour vous de l'appliquer, au point où, ayant déjà assimilé, même la menace de mort ne suffirait pas à vous faire changer de conduite. De la même manière que quand nous étions des sans Dieu nous prenions plaisir au mal et étions réticents au bien, de la même manière avec maturité spirituelle, nous prenons plaisir plutôt au bien, et haïssons le mal au point où mieux mourir que le faire. Patiente ! C'est question de temps. Donc, gardons bien les ordonnances du SEIGNEUR, toutes sont sages. Insensé celui qui se croit plus sage que Celui qui lui a départi la sagesse. Folle et délirante, la machine qui croit avoir plus d'intelligence que l'Homme qui l'a programmée. Insensé, l'Homme qui se croit plus sage que Dieu, quand c'est Lui, Dieu, qui a donné un peu de Son intelligence à l'Homme. Mais SEIGNEUR Dieu, aide-nous Toi-même à marcher dans Ta loi car nous sommes faibles, et sans Toi nous croulons. Donne-nous Ton secours Père, nous T'en prions !

Dieu est notre Père, et Il nous aime. Il est d'ailleurs notre Seul Père, car le père humain est une "fiction", les parents humains sont des "fictions". Marchants selon leurs voies, qui, si elles sont de Dieu, sont nos frères, malgré la relation de parent-enfant. Mais s'ils ne sont pas de Dieu, sont nos ennemis, parfois même les plus acharnés, les plus redoutés. Il en est de même pour nos enfants. S'ils suivent la voie de Dieu, ils sont nos frères malgré la relation parent-enfant. Mais s'ils ne le sont pas, ils sont parfois nos pires ennemis. Il en est aussi pour ce qui est des frères et sœurs, issus de la relation familiale, même cas pour nos conjoints et conjointes. La famille humaine est une fiction, retenez bien cela pour ne pas trébucher, pour ne pas mettre vos espoirs en ceux qui vont vous décevoir, pour ne compter sur le soutien de ceux même qui n'ont de cesse de vous voir écrasés, pour ne vanter celui dont son seul désir est de vous mettre en situation où votre âme sera perdue comme la sienne ; pour élever celui qui veut vous voir faire le mal. Voici ce qu'il en est : notre seul Père c'est Dieu, nos vrais frères et sœurs sont ceux qui sont comme nous ; élus de Dieu, petits ou grands, morts ou vivants. Notre vrai conjoint, ami, c'est l'Esprit-Saint. C'est ça la chose. Ne mettez pas vos espoirs en ceux qui vont vous décevoir, les pires ennemis sont parfois très proches. Dans la vie familiale humaine, car nous savons ce qu'il en est des païens, lorsqu'on est dans le mal comme eux, ils peuvent nous sourire, il y a moins de bruits, de querelles, de guerre. Mais dès que Celui qui nous a prédestiné à hériter de la vie éternelle aux cotés de notre Modèle, notre Grand et Loué Seigneur Jésus-Christ nous appelle, c'est autre chose : persécution, haine crue, mépris. On nous tourne en ridicule ; nous qui sommes la lumière, on nous appelle ténèbres ; nous qui sommes si grands (non par nous-mêmes, mais par la grâce de Dieu en notre faveur), on nous prend pour rien, moins que les ordures. On nous insulte, on nous offense, on nous manque du respect, on nous haï cruellement, on nous rend la vie difficile. Nous cherchons le bien et en récompense on nous méprise ; nous faisons le bien et comme honneur, c'est la calomnie : c'est comme ça, en toute époque. Le monde et ses impies n'aiment pas la justice. Tout, sauf la justice, c'est ce qu'il en est chez eux. Puisqu'ils sont mus par le diable, ils font donc les œuvres du diable : semer l'injustice sur terre. Leur père pour les amadouer leur fait croire qu'ils font cela pour avoir l'argent, la gloire, l'honneur, alors que ce n'est que pour le mal en réalité qu'ils le font. Satan ne mange pas de la viande, ne dort pas sur des lits luxueux, ne gagne rien au climatiseur, est indifférent à un avion. C'est un esprit, et les choses charnelles sont pour les Hommes de chair. D'ailleurs, il n'aime même pas ses serviteurs, mais se sert d'eux. La seule joie du diable est que le mal soit fait, voilà son intérêt : perdre, détruire, gâter, etc. Il leur fait donc croire qu'ils font le mal pour ces choses, alors qu'il ne les motive que par ça, la finalité n'étant pas leur bien puisqu'il ne les aime pas, mais le mal, que le mal soit fait, voila ce qu'il gagne. De telle manière que l'Homme qu'il possède préférerait vivre dans un taudis au marécage dans l'injustice que d'habiter une tour luxueuse dans la justice. Les pensées et paroles des impies, c'est de la conjecture : ils font recours à ¨A¨ lorsqu'ils ont intérêt à ce que ce soit ¨A¨ ; si l'intérêt était dans ¨B¨, ils y feraient recours. Ils taillent la justice et le droit à la mesure de leurs intérêts. Et les intérêts sont divers car de la même manière qu'en Christ on dit : « *il y a diversité de dons de la grâce, mais c'est le même esprit* »[66], de la même manière en eux, c'est la même direction (démons, le Malin, malices) différents manières. Tel cherche le mal en voulant de l'argent, tel autre n'a que faire de l'argent, il veut la gloire qui vient des Hommes, tel autre jette les deux aux orties, et cherche à égarer le plus d'âmes, tel encore cherche à se comparer à Dieu ou aux prophètes, tel cherche l'humiliation des Hommes, la chute, l'autorité, l'injustice, etc. L'objectif est un : le mal ; il ne faut pas que s'applique le droit. Voila comment on peut simuler qu'on est pieux alors qu'on sait qu'on est impie, voila comment on préfère plus souffrir : prier longuement, jeûner, se démunir de ses biens, vivre dans une pauvreté volontaire, faire des rituels dans le mal, en dépit de moins souffrir pour juste être bien ; on préfère souffrir dans le mal que jouir dans le bien. Tout, sauf le bien, sauf la justice. Cela semble difficile à comprendre. Comment un Homme peut choisir plus souffrir dans le mal que jouir dans le bien ? La réponse, je l'ai déjà dite. Le Malin et ses démons qui ont de l'emprise sur les esprits des Hommes ne sont pas des êtres matériels pour aimer manger, boire, se donner au luxe, avoir des biens, etc. Ils sont indifférents à cela, étant des esprits qui n'ont donc pas en conséquence besoin de ces choses. Leur objectif étant de faire du mal, de protéger les âmes des Hommes pour la perdition sachant qu'eux-mêmes sont déjà perdus. Ils veulent donc perdre le maximum possible, faire le maximum de mal puisqu'ils sont mauvais et ne veulent point périr seuls. Et pour ceux qui ne se rangent pas de leur coté, **la plainte a été faite, le conseil s'est réuni, le jugement a été fait, la sentence a été prononcée. L'accusé est déclaré coupable, il faut donc le punir.** Seul motif, le seul crime qu'ils ont commis étant de choisir la justice, de penser que c'est le bien qu'il faut faire, il faut donc les punir pour cela, parce qu'ils ont voulu de bon cœur obéir à Qui l'Homme doit obéir : son Créateur, et préserver leurs âmes de la Colère. Satan les

---

[66] *1 Corinthiens* 12.4.

haït ; les tente, aime quand ils doutent, quand ils lui ouvrent une brèche, pour les ruiner. Le Malin veut voir l'Homme humilié dans les choses les plus infâmes de l'imagination de l'Homme, qu'il choisisse ce qui est mauvais : l'homosexualité, la pédophilie, les mauvais rituels, manger la chair crue, boire du sang pour blesser Dieu au plus profond, ridiculiser la justice établie par Dieu, manger les excréments, dormir nu et à l'air libre, marcher nue dans les rues, être fou, méchant, oppresseur, colérique, irascible, rancunier, querelleur, blasphémateur, injurieux, sans respect pour l'autre, orgueilleux, livré à son plaisir, insensé, cruel, etc. Je vous dis ces choses pour que vous vous ressaisissiez et que vous prenez garde à votre conduite, le Malin ne cherche qu'à perdre et il passe pour atteindre son objectif à diverses méthodes : il inspire certains à dire que Dieu n'existe pas, à vivre donc selon eux-mêmes et la loi civile dans l'athéisme, et il s'en glorifie. Il inspire d'autres qui quand bien même savent que Dieu Est à ne pas se soucier de marcher dans Ses voies et d'autres encore à se rebeller contre Lui : deuxième cas, il s'en glorifie. Et, troisième cas, et terrible, étonnant, bien rusé, vicié ; malin, véritable solution magique, usage d'artifice, piège minutieux, il inspire encore d'autres à créer et adhérer a des religions, pour contester la vraie religion, la vraie voie de Dieu, il inspire des rites, des ascèses, des souffrances, ce par quoi ceux qui n'ont pas d'intelligence pourraient être séduits et penser à cause de ce qu'ils voient, notamment la doctrine et la loi de la fausse religion qui paraissent justes, étant une imitation partielle des voies de la vraie religion, et lorsqu'on voit rites et souffrance des adeptes, on pense encore plus que ce l'est : quelle farce ! Satan est rusé, mais pour sa perte. La seule religion c'est le Christ, dans la nouvelle naissance quand ainsi on marche selon l'Esprit-Saint. Mais le Malin a en fait combien d'autres ? Voilà ce qu'il est. Il forme donc des Hommes à garder des apparences de piété, pourtant ils en sont très loin. Mais par ce que voit l'œil, on peut penser qu'ils en sont. Qui est là pour voir leurs cœurs ? Pour connaitre leurs pensées intérieures ? Mais ils tomberont tous sur la « *pierre d'achoppement* »[67] : Jésus-Christ. Non pas l'existence de Jésus-Christ car même les grands impies savent qu'Il existe,

---

[67] *1 Pierre* 2.8.

mais l'acceptation de la grâce qui vient d'un cœur pur. Ils y tomberont tous, pas un seul n'y tombera pas. Puisqu'ils ont préféré écouter leur père que d'écouter le Père céleste. Puisqu'ils ont pris plaisir à l'injustice plutôt qu'à la justice. Puisqu'étant donné que « *la méchanceté témoigne de sa lâcheté quand elle est condamnée par son propre témoin* »[68], car lorsqu'ils font le mal, ça ne les cause pas de gêne, ils s'acceptent, ils s'expliquent, se justifient et se donnent raison, bafouant ainsi le droit, comme pour dire que le droit n'a pas lieu d'être. Mais quand ils sont victimes du mal, ils font très vite de recourir au droit pour qu'il témoigne en leur faveur. Pour ce témoignage personnel d'iniquité et d'injustice, la condamnation suprême s'abattra sur eux. Qui en effet a raison quand il vole, ment, commet une injustice, et l'accepte, ne se reproche rien ; mais quand il en est victime il se souvient du droit et le rappelle au coupable ? Il témoigne donc d'une explicite méchanceté, que la justice est bonne seulement quand elle le protège, mais mauvaise quand elle protège son prochain ; que l'injustice est bonne quand elle est à son avantage, mais mauvaise quand elle est à l'avantage du prochain et que c'est lui qui perd.

Sachez aussi, vous, malins Hommes, que le mal est mal par deux fois : la première fois c'est de part sa nature, ses conséquences, et c'est extérieur à celui qui le commet, c'est la moins grave. La deuxième fois, c'est quand il se dresse conte celui qui l'a commit, c'est la plus grave. Je vous explique, ce qu'il en est de la deuxième car pour la première vous comprenez déjà. Lorsqu'un homme commet le mal, s'il continue à le commettre indéfiniment, il est dans la voie sur laquelle on périt. S'il arrive qu'il commence à se soucier de son âme, c'est là que le mal qu'il a commit revient contre lui, en lui mettant des barrières qu'il serait difficile à franchir pour arriver à la justice. Car s'il faut revenir à la justice ça ne se passe pas si facilement, comme si on n'avait rien fait. Faire le mal c'est comme signer un contrat avec une prison pour sa propre incarcération, dont on ne peut s'en défaire sans préjudice. Comment quitter de criminel, méchant, escroc, meurtrier et venir à Dieu juste en

---

[68] *Sagesse* 17.11.

disant "je change" ou "Dieu je viens à toi" ? C'est si facile que ça ? Non. Comment est-ce que nos victimes vont savoir que nous avons changé, qu'elles n'ont plus à nous craindre, comment ne plus baisser la tête ? Il faut se faire pardonner. Et dès qu'on voit la foule de ceux qu'on a offensés, si ce n'est Dieu qui nous aide, on se découragerait. Pour se détourner du mal et revenir au bien, il faut en effet, demander pardon, -non pas en-soi, mais parce que Dieu l'a recommandé, et pour nous tranquilliser- et à la mesure du possible ou du raisonnable, réparer même avec des intérêts les dommages qu'on a causé, pour que notre conscience nous reproche le moins possible, mais nous console plutôt. Voila le retour du mal sur celui qui le fait et c'est ainsi que le mal est plus grave : quand il ferme les portes de la justice à son auteur. Beaucoup ont voulu changer mais n'ont pas supporté l'épreuve de la repentance, épreuve dans laquelle il faut s'abaisser, souffrir, supporter ; ils ont été découragés, en se demandant si même on va leur pardonner, et sont donc morts dans l'injustice, dans la conscience qui n'est pas tranquille, en baissant la tête ou en changeant de chemin lorsqu'on voit de loin sa victime, ils n'ont pas eu assez d'énergie pour cet exercice, notamment à cause de l'accumulation des péchés. L'exemple est cet homme qui, renonçant à gagner de l'argent honnêtement, décide plutôt de passer par des voies tortueuses pour avoir son gain. Ce soir là, dans sa chambre, lui qui n'était qu'un simple homme devient "prophète", là, dans sa chambre ; écrit sur quelques papiers des "révélations" de son "esprit prophétique", qui est en réalité un esprit démoniaque, et commence à monter une religion. [Plus il fait tôt de se repentir, plus il a des chances de revenir à la justice], mais étant « *livré a des passions avilissantes* »[69], regarde la femme de son prochain, qui est devenue son adepte avec convoitise, lui dit que "Dieu l'aime", et qu'il faut qu'elle prie beaucoup. Convoitant son physique, il oubli que ses parents qui ont entretenu ce physique pour qu'il soit ce qu'il est méritent quelque chose de celui qui jouit de ce physique, qui doit être sans équivoque son mari, selon la loi de Dieu. Mais lui-même n'étant pas religieux, mais plutôt, très loin, très loin de Dieu, tombe dans la convoitise et l'amène

---

[69] *Romains* 1.26.

prier avec lui, dans la prière, il ne fait que se frotter à elle, l'excite sexuellement, s'excite lui-même et fait ce qui n'est pas bon avec elle. Au finish, pour lui montrer que loin d'être un usurpateur il est un prophète, fait comme s'il ne savait pas ce qui venait de se passer et lui demande ce qu'ils ont fait, il lui fait même avoir peur, trembler et douter. Elle lui dit ce qu'ils viennent de faire et lui, ayant déjà manigancé son jeu, continuant de faire comme s'il n'avait pas été conscient lui explique que c'est la volonté de Dieu et qu'Il voulait qu'elle profite de lui puisque Dieu lui a dit qu'il a le Saint-Esprit dans sa semence. Elle l'accepte et ça va. Lorsque le mari de cette femme apprend cela, ça lui est difficile, mais au bénéfice du doute, il supporte et vie dans la peine. Il en est pour lui comme pour tous ceux dont l'avènement de ce faux prophète a causé séparations, discordes, querelles, abandons, souffrances, ruines financières, perdition, manque de temps pour des choses bonnes à faire. Tout son peuple de victime souffre, particulièrement ses adeptes qui croient être conduits par un « *bon berger* »[70], qui est en effet un « *mercenaire* »[71]. Mais lorsque cet homme, puisqu'il y a un moment où on prend plaisir, puis un autre où on n'y prend plus, puisque « *tout nouveau tout beau* » et **tout ancien tout utile**, lorsqu'il n'aura plus assez de plaisir à l'argent, au luxe, aux femmes, et que ce sera le moment pour lui, lorsqu'il verra un enfant de moins de vingt ans, beaucoup plus jeune que lui être dans la pureté, s'asseoir et parler selon la justice et dormir en paix ; quand il saura qu'en réalité cet enfant vaut mieux que lui, malgré qu'aux yeux de ceux qui croient en lui il est pris pour un prophète, lorsque ce sera le moment pour lui de se soucier de son âme, lorsqu'il prendra à compte le jugement de conscience, lorsque sachant que le Malin prête à intérêt [encore que ce que le Malin donne n'est pas à lui, mais à l'Homme, et qu'il se contente de donner sur condition à un Homme ce qui lui appartient et qu'il fallait qu'il patiente juste pour l'avoir ou de donner à l'Homme ce qu'il a pris à son prochain] et donc que tout cet empire, toute cette fortune amassée, s'il veut revenir à la justice il doit la perdre, jusqu'à perdre ce qui lui revient de droit,

---

[70] *Jean* 10.11.
[71] *Id.*10.12.

puisqu'il saura que si le mari de cette femme est au parfum de ses aveux il le tuera, comme bien d'autres voudront le faire, puisque beaucoup sont comme lui en choisissant le chemin par lequel ils ne savent pas pardonner, si comme le fils retrouvé[72] il trouve qu'il est allé très vite en se faisant prophète et veut revenir à Dieu pour juste être Homme simple mais juste, puisque reconnaissant qu'il ne faut pas désirer la gloire du prophète sans être prêt à passer par les souffrances et le travail du prophète, puisqu'il verra qu'il peut se retrouver dans une situation paradoxale, où il est tellement protégé à cause de ce qu'on en veut tellement à sa vie au point où nombreux pour le tuer rodent à coté de lui, et le fait qu'ils le font en permanence cause qu'à cause des autres, chacun d'eux se retient de passer à l'acte de peur d'être vu ou pensant que les autres sont ses protecteurs alors qu'ils sont des collègues qui en veulent tous au même Homme ; il pourra lui-même trouver qu'il est allé très loin pour faire marche arrière. En effet, plus on s'enfonce dans le mal, plus ressortir est difficile, voila le retour du mal, quand il ferme la porte de la justice à son auteur ; puisqu'à un moment si on se dessaisi des biens qui participent quand-même à nous protéger, on est plus vulnérable à la vengeance : mort. Aussi, si glorieux qu'on était, on doit se préparer à supporter la bassesse et le rejet. Si on veut demander pardon, la foule est très grande et il y a ceux qui nous refuserons le pardon : exercice difficile et risqué. Si on choisi fuir, on n'aura pas la paix, ne s'étant point repenti, et continuant à être sujet à la malédiction des Hommes que nous avons offensé : inutile. Que faire ? A cette question, certains répondent donc qu'il faut continuer dans l'affaire, par cela, ils se condamnent donc eux-mêmes. Or lorsqu'ils choisissent continuer, sachant qu'ils ont choisi leur chemin et à qui ils appartiennent dorénavant, ils redoublent d'efforts pour égarer le maximum, pour perdre beaucoup, pour semer beaucoup de mal, leur consolation, se disent-ils est qu'ils ne vont pas périr seuls.

Vous l'avez donc vu, le mal est mal par deux fois, plus dangereux lorsqu'il se dresse contre son auteur. Ce qu'il y a donc à faire c'est de l'éviter et de marcher dans

---

[72] *Luc* 15-32.

l'obéissance à la Bonne-novelle de Jésus-Christ, c'est elle qui nous sauve. Aimez le bien mes frères, en effet qui aime la justice rencontre Dieu, et qui cherche Dieu doit se confronter à la justice, il doit l'accepter ou la rejeter. C'est ainsi que Jésus ayant longuement enseigné[73] la justice dit : « *Ainsi tout homme qui entend les paroles que je viens de dire et les met en pratique, peut être comparé à un homme avisé qui a bâti sa maison sur le roc. La pluie est tombée, les torrents sont venus, les vents ont soufflé ; ils se sont précipités contre cette maison et elle ne s'est pas écroulée, car ses fondations étaient sur le roc. Et tout homme qui entend les paroles que je viens de dire et ne les met pas en pratique, peut être comparé à un homme insensé qui a bâti sa maison sur le sable. . La pluie est tombée, les torrents sont venus, les vents ont soufflé ; ils sont venus battre cette maison, elle s'est écroulée, et grande fut sa ruine.*»[74] Que vous dire de plus ? Aimez le bien, aimez la justice et Dieu vous aimera.

Enfin, ne cherchez pas à bruler les étapes car Dieu n'est pas dupe. Si quelqu'un cherche à bruler les étapes, c'est à ses propres frais, il verra bien après qu'il n'aurait pas dû le faire, et il devra reprendre où il devrait ne plus être : loin derrière. Mais marchons dans le respect et l'endurance, dans la justice et l'amour. De nous-même, nous ne pouvons pas arriver, mais Celui qui nous a appelé nous fera arriver car Son élu l'est dès avant la fondation du monde, et Il ne peut perdre aucun : « *Ceux que d'avance il a connu, il les aussi prédestinés à être conformes à l'image de son Fils, afin que celui-ci soit le premier né d'une multitude de frères ; ceux qu'il a prédestinés, il les a aussi appelés ; ceux qu'Il a appelés, il les aussi justifiés ; et ceux qu'il a justifiés, il les a aussi glorifiés. Que dire de plus ? Si Dieu est pour nous qui sera contre nous ?*»[75] Acceptez plutôt l'enseignement que vous recevez de l'Esprit et agissez selon Lui, ne contestez pas, ne vous en détournez pas pour ne pas perdre du temps. Celui qui accepte l'enseignement qu'il reçoit avance car il est question qu'il aille à un autre enseignement. Celui qui ne l'accepte pas stagne, pire encore, il

---

[73] *Mattieu* 5-7.
[74] *Id.* 7.24-27.
[75] *Romains* 8.30-31.

diminue, et s'il se lasse de stagner ou de diminuer, lorsqu'il voudra augmenter, il devra accepter l'enseignement. Voilà pourquoi certains deviennent matures en peu de temps, et d'autre pour l'être prennent plus de temps. Regardez les mondains, avec tout l'âge qu'ils trainent, ils ne sont pas encore nés et jamais ne naitront dans le Christ. Et ça, quelque soit leur âge, et même s'ils sont des vieillards : ils ont erré, loin de la connaissance car ils ont refusé un enseignement primaire, élémentaire, sommaire : que c'est la justice qui doit se faire. Comment de telles Hommes qui ont refusé le si petit, qui n'ont pas pu porter le plus petit, accepteront ou porteront le plus grand ? Ce sont eux qu'on interrogera sur le sens de la vie ? Pourront-ils nous donner les secrets de Dieu ? Les consultera-t-on pour savoir les choses spirituelles, connaissent-ils même l'Esprit-Saint ? Non. Ils sont trop éloignés. Mais vous, ne cessez de croitre et d'avancer, d'augmenter votre connaissance et vos œuvre car « *la science du sage grossit comme un déluge* »[76], et il faut qu' « *à celui qui a, il sera donné, et il sera dans la surabondance ; mais à celui qui n'a pas, même ce qu'il a lui sera retiré.* »[77] C'est donc une exhortation frères bien-aimés, que Dieu Lui-même nous donne et nous aide car sans Lui, NEANT.

SUR LA FIN DU MONDE

Aujourd'hui c'est notoire, ici et là, on parle de la fin du monde : qu'est-ce que la fin du monde ? A quand la fin du monde ? Ce sont les questions auxquelles les Hommes se confrontent. Et, l'épilogue est assez délicat lorsque les Hommes mettent en exergue les pensées inspirées d'eux-mêmes, ou font dire à la Parole ce qu'elle n'a pas dite et autres, notamment lorsqu'ignorants du plan de Dieu, les Hommes fixent des dates pour la fin, alors que ce jour et cette heure, « *nul ne les connaît* »[78].

---

[76] *Siracide* 21.13.
[77] *Matthieu* 13.12.
[78] *Marc* 13.32.

Ne soyons pas dans l'ignorance pour écouter ce qui plaît à notre oreille et nous remettre à cette croyance, ce qui nous égare. Il y a un tas de signes que Jésus a donné qui sont précurseurs de la fin, savez-vous sur combien de temps ces signes doivent s'étendre ? Pourquoi voir un signe et dire : « c'est la fin » ? Non, il ne faut pas le faire car tout doit aller à sa consommation, le temps des choses doit s'épuiser comme il doit le faire, et non partiellement. Certains prétendent : « Jésus disait que la fin du monde est proche, voilà environ deux milles ans et nous sommes encore dans le monde, vivants.» Si la fin était arrivée plus tôt, seriez-vous entrain de le dire ? Serez-vous nés ? Ou est-ce que vous êtes mécontents d'être nés ? Préférez-vous n'avoir jamais existé ? Sachez que tous ceux qui sont prédestinés à naitre doivent naitre, tous ceux qui sont prédestinés à vivre doivent vivre, tout Homme doit faire ce qui lui a été donné de faire, et ensuite, lorsque le temps des choses sera consommé, viendra la fin. Et comment viendra la fin ? La fin vient dans un processus, processus qui a d'ailleurs commencé depuis la prédication de Jésus-Christ. Plus encore, on peut même remonter au début de la création car comme nous le savons, la naissance de quelque chose est déjà le commencement de son vieillissement, donc de sa fin. Nous étions dans les temps de la fin il y a deux miles ans environ, nous n'en sommes que davantage aujourd'hui, et demain, nous en serions davantage. Avertir sur la fin des choses c'est noter que chaque temps qui passe nous amène davantage vers la fin, quitte à ce qu'elle soit dans tel ou tel autre moment. Et, pensez-vous que deux mille ans soit grand-chose aux yeux de Dieu pour qu'on prétende que si cela devait se passer après deux mille ans, il n'y avait pas de quoi dire que c'est proche ? Non, notamment que garder cela en esprit peut nous aider à mieux veiller. Jésus est le commencement d'une époque, et c'est logique que comme Son époque est celle qui doit s'étendre jusqu'à la fin des choses, on puisse dire dès son début que la fin est proche. Je vous le dis pour vous éclaircir les choses et que vous ne tombiez pas dans tous les traquenards qui guettent l'Homme par rapport à la foi. Si vous ouvrez une brèche au diable dans votre foi, sachez qu'il peut se servir la petite brèche que vous lui avez ouverte pour pénétrer dans votre forteresse et la ruiner. Donc : ne vous impatientez pas, ne donnez pas du crédit à ceux qui vous prophétisent que la fin du monde c'est en tel moment, plus la fin sera imminente, plus les Hommes eux-mêmes le ressentiront, car il y a des signes qui accompagnent la fin, il y a des évènements qui doivent arriver avant la fin, il y a un enseignement sur la fin et rien de tout cela n'est secret. Je le répète : plus la fin sera imminente, plus les Hommes le ressentiront, au regard de ce qui précède ; c'est le cas pour ceux qui sont conduits par Dieu, car ce sont eux qui se soucient de la vérité, or qui se soucie de bon cœur et avec persévérance la trouvera, c'est Dieu qui nous en garantit : « *quiconque demande reçoit, qui cherche trouve, et à qui frappe on ouvrira.* »[79] Ne vous attardez pas à écouter les perdus et les blasphémateurs qui inventent leurs propres théories (stupides) sur la fin, ou qui prétendent qu'il n'y a pas une fin du monde. S'il n'y a pas en effet une fin du monde, c'est qu'il n'y a donc pas de récompense en vie éternelle pour les saints, ceux-là qui ont gardé les commandements de Jésus ; s'il n'y a pas une fin du monde c'est que les Saintes Ecritures sont fausses ; si les saintes Ecritures sont fausses c'est que notre foi est vaine, car qui sait même si Dieu existe ? Si Dieu n'existe, « *Courte et triste est notre vie; il n'y a pas de remède lors de la fin de l'homme et on ne connaît personne qui soit revenu de l'Hadès.*

Nous sommes nés du hasard, après quoi nous serons comme si nous n'avions pas existé. C'est une fumée que le souffle de nos narines, et la pensée, une étincelle qui jaillit au battement de notre cœur;

qu'elle s'éteigne, le corps s'en ira en cendre et l'esprit se dispersera comme l'air inconsistant.

Avec le temps, notre nom tombera dans l'oubli, nul ne se souviendra de nos œuvres; notre vie passera comme les traces d'un nuage, elle se dissipera comme un brouillard que chassent les rayons du soleil et qu'abat sa chaleur.

Oui, nos jours sont le passage d'une ombre, notre fin est sans retour, le sceau est apposé et nul ne revient.

Venez donc et jouissons des biens présents, usons des créatures avec l'ardeur de la jeunesse.

---

[79] *Luc* 11.10.

Enivrons-nous de vins de prix et de parfums, ne laissons point passer la fleur du printemps,

couronnons-nous de boutons de roses, avant qu'ils ne se fanent,

qu'aucune prairie ne soit exclue de notre orgie, laissons partout des signes de notre liesse, car telle est notre part, tel est notre lot!

Opprimons le juste qui est pauvre, n'épargnons pas la veuve, soyons sans égards pour les cheveux blancs chargés d'années du vieillard.

Que notre force soit la loi de la justice, car ce qui est faible s'avère inutile.

Tendons des pièges au juste, puisqu'il nous gêne et qu'il s'oppose à notre conduite, nous reproche nos fautes contre la Loi et nous accuse de fautes contre notre éducation.

Il se flatte d'avoir la connaissance de Dieu et se nomme enfant du Seigneur.

Il est devenu un blâme pour nos pensées, sa vue même nous est à charge;

car son genre de vie ne ressemble pas aux autres, et ses sentiers sont tout différents.

Il nous tient pour chose frelatée et s'écarte de nos chemins comme d'impuretés. Il proclame heureux le sort final des justes et il se vante d'avoir Dieu pour père.

Voyons si ses dires sont vrais, expérimentons ce qu'il en sera de sa fin.

Car si le juste est fils de Dieu, Il l'assistera et le délivrera des mains de ses adversaires.

Eprouvons-le par l'outrage et la torture afin de connaître sa douceur et de mettre à l'épreuve sa résignation.

Condamnons-le à une mort honteuse, puisque, d'après ses dires, il sera visité.

[Quand vous mélangez ces ingrédients, vous avez la nature des impies]

Ainsi raisonnent-ils, mais ils s'égarent, car leur malice les aveugle.

Ils ignorent les secrets de Dieu, ils n'espèrent pas de rémunération pour la sainteté, ils ne croient pas à la récompense des âmes pures.

Oui, Dieu a créé l'homme pour l'incorruptibilité, il en a fait une image de sa propre nature;

c'est par l'envie du diable que la mort est entrée dans le monde: ils en font l'expérience, ceux qui lui appartiennent!

Les âmes des justes sont dans la main de Dieu. Et nul tourment ne les atteindra.

Aux yeux des insensés ils ont paru mourir, leur départ a été tenu pour un malheur et leur voyage loin de nous pour un anéantissement, mais eux sont en paix.

S'ils ont, aux yeux des hommes, subi des châtiments, leur espérance était pleine d'immortalité;

pour une légère correction ils recevront de grands bienfaits. Dieu en effet les a mis à l'épreuve et il les a trouvés dignes de lui;

comme l'or au creuset, il les a éprouvés, comme un parfait holocauste, il les a agréés.

Au temps de leur visite, ils resplendiront, et comme des étincelles à travers le chaume ils courront.

Ils jugeront les nations et domineront sur les peuples, et le Seigneur régnera sur eux à jamais.

Ceux qui mettent en lui leur confiance comprendront la vérité et ceux qui sont fidèles demeureront

auprès de lui dans l'amour, car la grâce et la miséricorde sont pour ses saints et sa visite est pour ses élus.

Mais les impies auront un châtiment conforme à leurs pensées, eux qui ont négligé le juste et se sont écartés du Seigneur.

Car malheur à qui méprise sagesse et discipline: vaine est leur espérance, sans utilité leurs fatigues, sans profit leurs œuvres;

leurs femmes sont insensées, pervers leurs enfants, maudite leur postérité!

Heureuse la femme stérile qui est sans tache, celle qui n'a pas connu d'union coupable; car elle aura du fruit à la visite des âmes.

Heureux encore l'eunuque dont la main ne commet pas de forfait et qui ne nourrit pas de pensées perverses contre le Seigneur: il lui sera donné pour sa fidélité une grâce de choix, un lot très délicieux dans le Temple du Seigneur.

Car le fruit de labeurs honnêtes est plein de gloire, impérissable est la racine de l'intelligence.

Mais les enfants d'adultères n'atteindront pas leur maturité, la postérité issue d'une union illégitime disparaîtra.

Même si leur vie se prolonge, ils seront comptés pour rien et, à la fin, leur vieillesse sera sans honneur,
s'ils meurent tôt, ils n'auront pas d'espérance ni de consolation au jour de la Décision,
car la fin d'une race injuste est cruelle!
Mieux vaut ne pas avoir d'enfants et posséder la vertu, car l'immortalité s'attache à sa mémoire, elle est en effet connue de Dieu et des hommes.
Présente, on l'imite, absente, on la regrette; dans l'éternité, ceinte de la couronne, elle triomphe, pour avoir vaincu dans une lutte dont les prix sont sans tache.
Mais la nombreuse postérité des impies ne profitera pas; issue de rejetons bâtards, elle ne poussera pas de racines profondes, elle n'établira pas de base solide.
Même si pour un temps elle monte en branches, mal affermie, elle sera ébranlée par le vent, déracinée par la violence des vents;
ses rameaux seront brisés avant d'être formés, leur fruit sera sans profit, n'étant pas mûr pour être mangé, impropre à tout usage.
Car les enfants nés de sommeils coupables témoignent, lors de leur examen, de la perversité des parents. Le juste, même s'il meurt avant l'âge, trouve le repos.
La vieillesse honorable n'est pas celle que donnent de longs jours, elle ne se mesure pas au nombre des années;
c'est cheveux blancs pour les hommes que l'intelligence, c'est un âge avancé qu'une vie sans tache.
Devenu agréable à Dieu, il a été aimé, et, comme il vivait parmi des pécheurs, il a été transféré.
Il a été enlevé, de peur que la malice n'altère son jugement ou que la fourberie ne séduise son âme;
car la fascination du mal obscurcit le bien et le tourbillon de la convoitise gâte un esprit sans malice.
Devenu parfait en peu de temps, il a fourni une longue carrière.
Son âme était agréable au Seigneur, aussi est-il sorti en hâte du milieu de la perversité. Les foules voient cela sans comprendre, et il ne leur vient pas à la pensée

que la grâce et la miséricorde sont pour ses élus et sa visite pour ses saints.

Le juste qui meurt condamne les impies qui vivent, et la jeunesse vite consommée, la longue vieillesse de l'injuste.

Ils voient la fin du sage, sans comprendre les desseins du Seigneur sur lui, ni pourquoi il l'a mis en sûreté;

ils voient et méprisent, mais le Seigneur se rira d'eux.

Après cela ils deviendront un cadavre méprisé, un objet d'outrage parmi les morts à jamais. Car il les brisera, précipités, muets, la tête la première. Il les ébranlera de leurs fondements, ils seront complètement dévastés, en proie à la douleur, et leur mémoire périra.

Et quand s'établira le compte de leurs péchés, ils viendront pleins d'effroi; et leurs forfaits les accuseront en face.

Alors le juste se tiendra debout, plein d'assurance, en présence de ceux qui l'opprimèrent, et qui, pour ses labeurs, n'avaient que mépris.

A sa vue, ils seront troublés par une peur terrible, stupéfaits de le voir sauvé contre toute attente.

Ils se diront entre eux, saisis de regrets et gémissant, le souffle oppressé:

"Le voilà, celui que nous avons jadis tourné en dérision et dont nous avons fait un objet d'outrage, nous, insensés! Nous avons tenu sa vie pour folie, et sa fin pour infâme.

Comment donc a-t-il été compté parmi les fils de Dieu? Comment a-t-il son lot parmi les saints?

Oui, nous avons erré hors du chemin de la vérité; la lumière de la justice n'a pas brillé pour nous, le soleil ne s'est pas levé pour nous.

Nous nous sommes rassasiés dans les sentiers de l'iniquité et de la perdition, nous avons traversé des déserts sans chemins, et la voie du Seigneur, nous ne l'avons pas connue!

A quoi nous a servi l'orgueil? Que nous ont valu richesse et jactance?

Tout cela a passé comme une ombre, comme une nouvelle fugitive.

Tel un navire qui parcourt l'onde agitée, sans qu'on puisse découvrir la trace de son passage ni le sillage de sa carène dans les flots;

tel encore un oiseau qui vole à travers les airs, sans que de son trajet on découvre un vestige; il frappe l'air léger, le fouette de ses plumes, il le fend en un violent sifflement, s'y fraie une route en remuant les ailes, et puis, de son passage on ne trouve aucun signe;

telle encore une flèche lancée vers le but; l'air déchiré revient aussitôt sur lui-même, si bien qu'on ignore le chemin qu'elle a pris.

Ainsi de nous: à peine nés, nous avons disparu, et nous n'avons à montrer aucune trace de vertu; dans notre malice nous nous sommes consumés!"

Oui, l'espoir de l'impie est comme la bale emportée par le vent, comme l'écume légère chassée par la tempête; il se dissipe comme fumée au vent, il passe comme le souvenir de l'hôte d'un jour.

Mais les justes vivent à jamais, leur récompense est auprès du Seigneur, et le Très-Haut a souci d'eux.

Aussi recevront-ils la couronne royale magnifique et le diadème de beauté, de la main du Seigneur; car de sa droite il les protégera, et de son bras, comme d'un bouclier, il les couvrira.

Pour armure, il prendra son ardeur jalouse, il armera la création pour repousser ses ennemis;

pour cuirasse il revêtira la justice, il mettra pour casque un jugement sans feinte,

il prendra pour bouclier la sainteté invincible;

de sa colère inexorable il fera une épée tranchante, et l'univers ira au combat avec lui contre les insensés.

Traits bien dirigés, les éclairs jailliront, et des nuages, comme d'un arc bien bandé, voleront vers le but;

 une baliste lancera des grêlons chargés de courroux, les flots de la mer contre eux feront rage, les fleuves les submergeront sans merci, un souffle puissant se lèvera contre eux et les vannera comme un ouragan. Ainsi l'iniquité dévastera la terre entière et la malfaisance renversera des trônes de puissants »[80].

Le SEIGNEUR les réserve ce qu'ils méritent.

Pour nous, je vous demande de ne point rester dans l'ignorance, mais gardez bien en esprit qu'elle est proche la fin, et surtout que le Seigneur vient comme un voleur ; il faut donc rester éveillés pour qu'il vous juge dignes de Lui. Quand tout cela ira à la consommation, la fin viendra. Je vous renvoie à l'*Apocalypse* de Jean, c'est le meilleur livre qui nous renseigne sur la fin des choses et sur ce qui doit arriver dès le moment ou Jean parle au jusqu'à la vie éternelle au Royaume de Dieu. Par ailleurs ne vous attardez pas aux interprétations conjecturelles, mais confiez-vous à Celui qui est capable de vous révéler toutes choses. De verset en verset, on avance vers la fin. Attendons alors que toute parole se réalise. « *Tenez-vous sur vos gardes, de crainte que vos cœurs ne s'alourdissent dans l'ivresse, les beuveries et les soucis de la vie, et que ce jour-là ne tombe sur vous à l'improviste, comme un filet ; car il s'abattra sur tous ceux qui sont sur la face de la terre entière.* **Mais restez éveillez dans une prière de tous les instants** *pour être jugés dignes d'échapper à tous ces évènements à venir et de vous tenir debout devant le Fils de l'homme.* »[81]

---

[80] *Sagesse* 2-5.
[81] *Luc* 21.34-36.

Conclusion

Béni soit Dieu notre Père, béni soit Jésus-Christ notre Vie dans tous les siècles des siècles, Amen. Que Dieu bénisse et fasse grandir dans nos cœurs la modeste pierre qu'est ce livre, pour permettre qu'elle contribue comme il se doit au grand édifice qu'est le Salut des Hommes, édifice que Dieu Lui-même construit par Sa Parole, par Ses prophètes, ses saints apôtres, et tous ses saints de génération en génération. Qu'il soit bien clair que ce livre s'adresse à vous les élus de Dieu de partout dans le monde entier jusqu'à la fin du monde ; vous qui prendrez connaissance de lui, vous qui êtes l'Eglise, car ce ne sont que vous qui pouvez l'accepter comme il se doit, et ce n'est qu'en vous qu'il peut porter un fruit mûr. Si vous pensez donc que ce livre est bon, de grâce pensez aussi à moi car j'ai tellement besoin de vous : de vos prières en ma faveur. Que notre Père m'aide à mieux connaitre, à mieux œuvrer pour notre Salut et qu'Il me sauve moi-même car en moi-même je ne suis rien, c'est par Sa grâce que je suis quelque chose. Qui est en effet assez vil, bas, misérable que moi ? Moi qui ne suis qu'un homme quelconque et c'est Dieu qui en agréant par Sa grâce mes services que je peux avoir l'honneur d'être appelé "serviteur quelconque de Jésus-Christ". Mais que Jésus-Christ aide cette larve à faire ce qui est bien, à marcher dans Ses chemin sans plus jamais s'en écarter en tout ce qu'il fait, et me sauve moi-même, de grâce au nom de la miséricorde qui nous vient du Père par Lui Fils Unique à qui je me suis consacré en entier. Qu'est ce que je vaux en effet? C'est pour cela que j'implore jour et nuit la grâce de Dieu pour ma propre tête, et vos prières me seront utiles. Si vous pensez donc que le livre est bon, que Dieu m'aide encore plus, car il faut qu'à celui qui a, il lui soit encore donné jusqu'à ce qu'il soit dans la surabondance ; or pour l'instant où j'écris, je suis un homme faible et ignorant. Que Dieu Lui-même en qui surabonde la grâce donne à chacun de vous avec largesse, qu'il vous bourre de bénédictions, qu'Il vous remplisse d'amour, qu'Il vous unisse, qu'Il vous donne de la patiente et de l'endurance, nous sommes appelés en enfants de Dieu à vivre dans un même lieu : auprès de Dieu notre

Père et de Son Fils Unique Jésus-Christ, notre Seigneur et notre Sauveur. Pour celui qui pense que ce livre est mauvais, je l'exhorte à prier le Père céleste pour qu'Il me donne la grâce de marcher en tout dans Ses voies et de faire donc en tout ce qui vient de Lui, sans que jamais je m'en écarte, pour un seul instant et que, s'Il le veut, j'en écrive beaucoup d'autres, qui cette fois seront en tout bons. Pour le reste, qu'y a t-il à faire ? Quelle attitude devons-nous tenir ? Dieu Lui-même, Sage des sages nous donnera les attitudes à tenir par le renouvellement de notre intelligence, par le grossissement de notre connaissance. Bon courage, bonne persévérance ; je nous le souhaite mutuellement. Nous arriverons surement car Dieu ne peut se tromper, je vous aime très fort, connus ou inconnus, je vous aime car nous sommes frères aimés et inséparables. Je vous aime très fort. Soyez gentils en ce qui concerne le savoir, mais surtout gardez la foi. Grand honneur à ceux de nos frères qui ont déjà quitté la terre, bénis soient-ils à jamais, grands et petits. De toute éternité, Gloire à Dieu notre Père et à Jésus-Christ notre Seigneur, Amen dans tous les siècles.

Lorsqu'on naît, on est enfant, mais plus le temps passe on devient grand. Il en est de même en Jésus-Christ. Le nouveau dans la foi commence par être petit, plus il y est, plus il grandit jusqu'à atteindre son accomplissement, il est arrivé, Dieu l'enlève, il est sauvé.

Annexe

J'ai consacré cette partie à un peu de mon histoire, puisque dès que l'homme n'est plus, son histoire est parfois controversée, alors que c'est un homme lui-même qui est une source de choix pour sa propre histoire.

C'est surtout l'histoire de mes écrits. J'ai été l'auteur de nombreux livres dont deux sont publiés jusqu'à présent, il s'agit de *Sagesse*, publié par Croix du Salut et disponible chez cet éditeur sous le lien http://www.morebooks.de/store/gb/book/sagesse/isbn/9783841699350 . En plus vous avez ce livre qui est le deuxième dans l'ordre chronologique. *Sagesse* a été écrit du lundi15 au dimanche 21septembre 2014 (en sept jours) et proposé dès lors pour édition. Par la grâce de Dieu, après un parcours considérable, j'ai rencontré l'édition Croix du Salut qui me l'a publié selon mes désirs et sans me causer de problème, que Dieu pense aussi à eux pour cela. *Sagesse* a été publié en avril 2015. Ce livre quant à lui a été écrit de mars 2015 au 27 juillet de la même année, il est publié comme vous le voyez au Copyright par cet éditeur.

Par ailleurs, je suis aussi auteur de nombreux livres qui ne sont pas publiés, certains ont été terminés et d'autres pas. Le plus important est *De la religion* que j'ai écrit de mai ou juin 2013 (je ne suis pas sûr du mois) et proposé pour édition en début mars 2014. Ce livre, tout comme les deux autres livres terminés et non publiés (*Le maître et l'esclave*, *Darille*) et tous les autres ouvrages commencés mais non terminés, ont été simplement rejetés. Parmi eux *De la religion* est le seul ouvrage religieux, et le seul qui a vu le coup d'œil de beaucoup et qui est actuellement, je le pense très fort, disponible chez bien de personne, car j'ai donné cet ouvrage et quelques de ses extraits à des centaines de personnes, en forme numérique et par internet. Je voulais en effet des dons pour sa publication sur papier, n'ayant pas la somme qui m'avait été demandée par un éditeur camerounais. Ce livre est aussi passé chez de nombreux éditeurs européens. J'ai renoncé à ce livre et j'en ai fait savoir. La raison pour laquelle j'ai renoncé à ce livre est que malgré toutes les bonnes intentions que j'avais en l'écrivant, notamment ramener les Hommes à Dieu, le grand doute que j'ai eu en cette période, et l'immaturité de ma connaissance de certaines choses ont causé que je ne l'écrive pas comme il se doit. J'ai dépensé de ma connaissance, du temps, j'ai fais des recherches, mais l'ouvrage a été un fiasco. Voilà pourquoi j'invite l'Homme à la spiritualité plutôt qu'à l'érudition. Ce qui a majoré mon doute c'est quand en lisant le Coran, j'ai pensé que cette fausse religion pouvait peut-être être celle de Dieu. Aussi que, je pensais que la religion pouvait être une confession religieuse, mais j'ai connu que ce ne l'est pas. La religion c'est Christ, la loi c'est l'Esprit-Saint, c'est ce que Dieu connait.

Les autres écrits, terminés comme non terminés, ont été produits quand je n'avais pas encore pris le chemin du SEIGNEUR. Ce qui est bien c'est qu'ils ont été écrits sur cahier et non sur ordinateur sinon peut-être qu'ils circulent. Ils ont été mit dans l'eau, et déchirés simplement, c'est le traitement que j'ai réservé à ceux qui me sont tombés sous la main. N'étant pas des écrits pour la voie du SEIGNEUR.

Enfin, il m'a souvent été inspiré d'autres écrits, notamment des chants et prières. J'ai choisi publier ce chant suivant, les autres, je n'ai pas choisi les publier.

J'ai aussi da part le passé créé un site internet : Delareligion, sous le lien : http://delareligion.e-monsite.com pour communication spirituelle et pour la présentation de mes ouvrages. Vous y retrouverez mon article sur « *L'état du monde* ».

Toutes ces choses (écrire et publier par une maison d'édition, avoir un site internet, etc.) j'ai bien réfléchi aux inconvénients de cela, mais, je me suis dit aussi que quelque part pour ramener du grain dans un grenier, on va le prendre au champ, car c'est là où il est. Donc, malgré que ces moyens sont risqués, je sais aussi que pour ramener un Homme il faut le prendre où il est, et les Hommes savent acheter des livres publiés, aller sur internet, être dans des réseaux sociaux. C'est très risqué ce « *mode d'action* », mais je l'ai dit, on cherche un Homme de d'où il est.

Chant

Hymne au SEIGNEUR

Refrain

Nous appartenons au SEIGNEUR,

Nous appartenons à Jésus-Christ,

Sauvés par le sang de l'Agneau-Eau

Exultons, mes frères, exaltons

-Sonorité

Début du chant

Couplet1

Voici SEIGNEUR ma joie est immense,

Pour Tes œuvres belles à notre égard,

SEIGNEUR DIEU pense à moi de grâce,

Que je puisse demeurer dans Ton Amour

-Refrain et sonorité

Couplet2

Voici SEIGNEUR ma joie est immense,

Pour Ton Salut que Tu nous prodigue,

SEIGNEUR nous allons Te rendre grâce,

Te remercier de Ta bonté toujours

-Refrain et sonorité

Couplet3

Voici SEIGNEUR ma joie est immense,

Et moi de Te bénir pour toujours,

Voici SEIGNEUR ma joie est immense,

Moi je Te glorifie dans l'amour

-Refrain sans sonorité

Nous appartenons au SEIGNEUR,

Nous appartenons au Sauveur,

Sauvés par le Christ le Fils de Dieu : Jésus

Gloire à Toi SEIGNEUR, Gloire à Dieu.

Fin du chant

Par moi Jonas, le 11 février 2015 ; écrit de 00h-01h environ.

Enfin, que Dieu vous bénisse et vous donne la paix en abondance, priez aussi pour moi, il y a encore de nombreuses choses que je demande à Dieu, que je souhaite connaître. Je ne sais pas si j'écrirai encore car « *à multiplier les livres il n'y a pas de fin* », mais que la volonté de Dieu soit faite. Le livre est payant et non gratuit, c'est ça l'inconvénient qu'il y a lorsqu'on publie dans une maison d'édition, car « *l'ouvrier a droit à sa nourriture* », et les royalties que l'éditeur verse à l'auteur, suivant cette manière d'agir, que Dieu me donne de disposer de ça comme ça Lui plaît. C'est vrai qu'en ce moment où j'écris j'ai besoin de quelques choses, mais les livres sont là pour l'éternité, jusqu'à la fin des choses, que Dieu gère donc tout ce qu'Il me donne de réaliser, de même Ses autres serviteurs. Je suis Jonas, originaire du Cameroun, que Dieu vous bénisse en abondance, souvenez-vous que dans la vie on souffre beaucoup, mais c'est pour notre éducation, et que le remède de la souffrance c'est de l'accepter, et sa cause c'est de la fuir ; comprenez le sens et non les mots, je vous aime profondément, que Dieu pense aussi à moi car je suis si petit, De toute éternité, Gloire à Dieu.

Oui, je veux morebooks!

I want morebooks!

Buy your books fast and straightforward online - at one of the world's fastest growing online book stores! Environmentally sound due to Print-on-Demand technologies.

Buy your books online at
www.get-morebooks.com

Achetez vos livres en ligne, vite et bien, sur l'une des librairies en ligne les plus performantes au monde!
En protégeant nos ressources et notre environnement grâce à l'impression à la demande.

La librairie en ligne pour acheter plus vite
www.morebooks.fr

OmniScriptum Marketing DEU GmbH
Heinrich-Böcking-Str. 6-8
D - 66121 Saarbrücken
Telefax: +49 681 93 81 567-9

info@omniscriptum.com
www.omniscriptum.com

www.ingramcontent.com/pod-product-compliance
Lightning Source LLC
Chambersburg PA
CBHW021812220426
43662CB00006B/289